Rafael Iglesia
Lecturas en la construcción de una poética

Claudio Solari

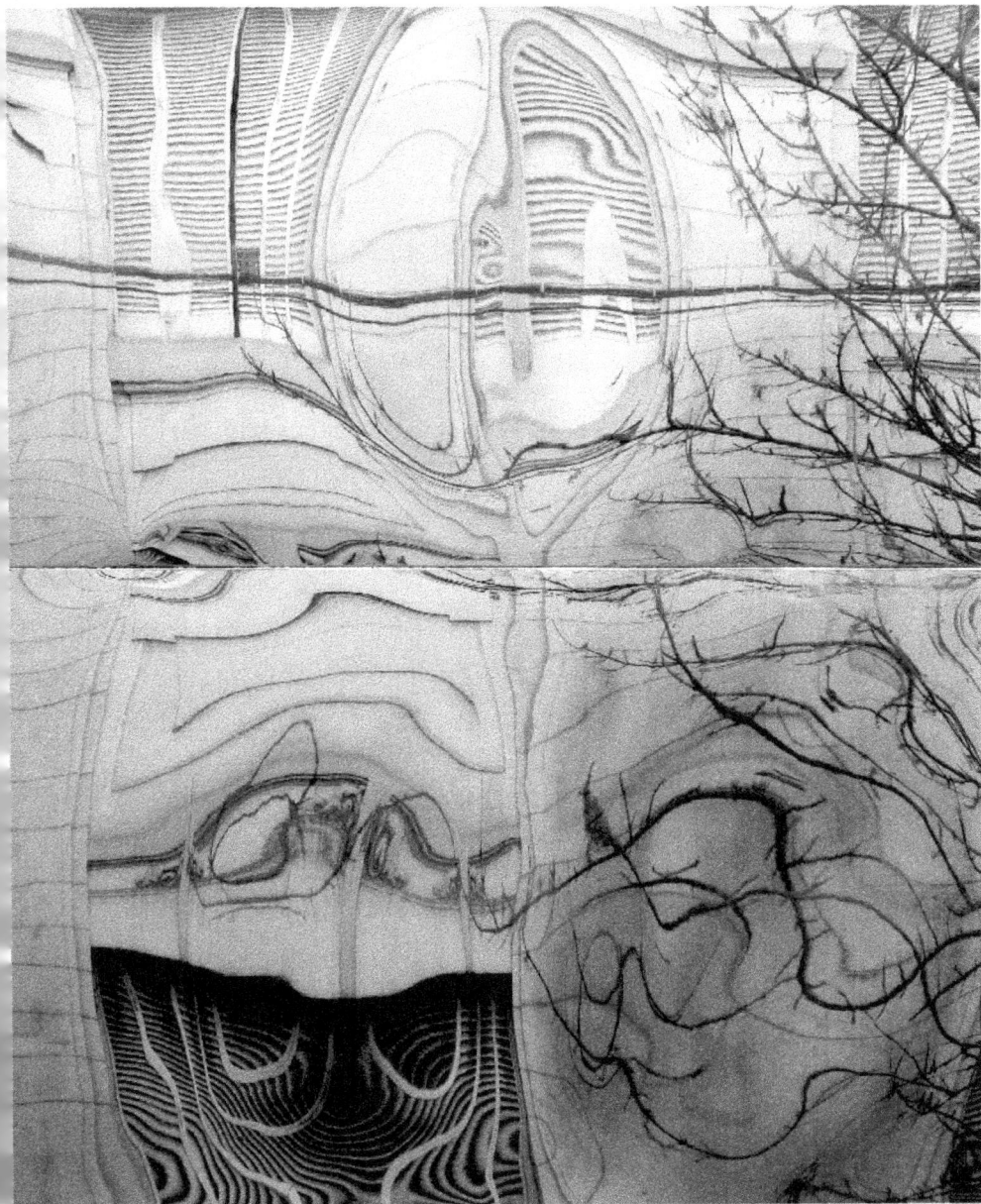

Dedicado a Nina

Solari, Claudio

Rafael Iglesia : Lecturas en la construcción de una poética – Claudio Solari - 1a ed. –
Ciudad Autónoma de Buenos Aires : Diseño, 2020.

194 p. : il. ; 21×15 cm.

ISBN: 978-1-64360-382-7

1. Arquitectura. 2. Teoría arquitectónica. I. Título

Diseño gráfico:
Josefina Rossi

Rafael Iglesia

Lecturas en la construcción
de una poética

Claudio Solari

diseño

Índice

Prólogo
por Ana María Rigotti

Nosotros, arquitectos en la ciudad de Rosario, Argentina, fuimos contemporáneos de un genio. Un genio oscuro, problemático y brillante, talentoso y atribulado. Emergió de manera inesperada. Rompió con los recursos narrativos de la disciplina para dar a luz una producción original, aparentemente nacida de la nada. Nos dejó pobres en explicaciones.

Testigos de su irrupción, azorados por su "descubrimiento" y consagración nacional e internacional, seguimos su deriva siempre al borde del abismo. Estuvimos pendientes de su derrotero, desde las luces de Harvard hasta las penumbras de la falta de encargos. Atractivo como un *rock star*, lo acompañamos junto al aplauso entusiasta de los jóvenes. Idiosincrásico, la provisionalidad apocalíptica de su estudio fue la mejor radiografía de la convulsión de su mente. Luego, su trágico final.

Rafa fue nuestro genio. Su figura, sus escasas y frágiles obras, siguen convocando interés e interrogantes. Bastante se ha dicho y escrito —desde el afecto, la anécdota o la descripción puntillosa— para explicarlo y explicarlas. El misterio persiste. Este libro se suma al intento de develarlo; pero no es uno más.

Dentro del amplio espectro de las teorías de la arquitectura, están las que pretenden descifrar y catalogar las obras; las que atienden a su recepción y sus efectos en la sociedad y la cultura; las que indagan en los procesos de ideación y concreción. Estas últimas son las que más nos interesan. Se preocupan por des-cubrir, por re-velar el acto mismo de la creación, el enigma de la mente del —buen— arquitecto. Cocineros antes que comensales, quisiéramos robar la receta.

Claudio Solari ha sabido, a través de la figura de Rafael Iglesia, aportar un documento valioso a la teoría del hacer arquitectura. Se apoya extensivamente en los relatos y las referencias de sus allegados, pero se rescata del memorialismo y la anécdota. Revisa con minuciosidad sus obras más significativas, pero supera la fascinación por la descripción densa. Accede a los restos de su biblioteca, a versiones inéditas de sus proyectos y escritos, pero sortea la parálisis del archivo. No solo nos brinda una semblanza fresca de las maneras de pensar y actuar de Rafael, sino que aporta un andamiaje de conceptos y modos de ver que alimentarán otras investigaciones sobre la poética de los arquitectos. Y la elección de la palabra *poética* no es casual. Recuperada del acervo poco transitado de Paul Valéry, en tanto "la acción que hace" en las obras del espíritu, nos regala un instrumento poderoso para pensar en la arquitectura y los arquitectos que, simultáneamente, agiganta la relevancia de Iglesia como índice para adentrarnos en los meandros del proyectar edificios y sitios.

Sin dibujar, casi; negándose con porfía a nutrirse en la tradición y el corpus canónico de la disciplina, Iglesia nos brinda un perfil singular, si bien no extra-ordinario, del arquitecto. Un arquitecto que aprende y piensa desde las manos —sus maderitas— y desde la transferencia metafórica —sus lecturas—. Un arquitecto que se aproxima al artesano que aprende y sabe aprender del manejo de los materiales; pero también se adentra el limbo del filósofo, rastreando etimologías y ajando volúmenes de la Deconstrucción. Parafraseando a Hamlet nos diría: "Hay muchos más caminos hacia la forma, Horacio, que las que son soñadas por las facultades y los manuales de arquitectura".

Solari mantiene firmes las riendas para sostenernos en el terreno difuso del instinto, de la intuición. Nos muestra las paradojas de un artesano sin tradición y sin pulso, que se considera más allá de las reglas del oficio; y de un intelectual autodidacta que navega ligero sobre la superficie de los textos para dejarse asaltar por algunas citas preñadas de imágenes. Sigue las piruetas con que Iglesia salta sobre los pretiles de las disciplinas como un niño en el país de las maravillas. Nos muestra como pasa de la experimentación sin rumbo a la planificación cuidadosa de la ejecución de una nueva cosa, para volver a saltar una vez más del contexto del descubrimiento a su interpretación posterior en esas memorias descriptivas, ensayos prístinos que hablan de luchas, de expediciones, de las leyes del universo y la vida.

Superado el embeleso por la fase paramétrica, Iglesia se nos presenta como una alternativa, desde la retaguardia. Capaz de pensar desde la inteligencia de la mano, explorando materiales, buscando —y encontrando en ellos— usos contradictorios, comportamientos no aceptados por la costumbre. Desde allí fue labrando caminos de libertad, arrestos de individualidad, motores para la sedición antes que para la novedad. Desde el campo de los vencidos reivindicó una práctica posdisciplinar que dinamita jerarquías entre el concebir y el construir, entre el hacer y el pensar, entre el jugar y el fabricar. Una confusión de operaciones y de agencias asociadas a un pensamiento circular, redundante, asociativo antes que causal, arbitrario antes que lineal. Un discurrir sensual que sabe leer en pesos, fuerzas, movimientos y equilibrios tanto en desechos variopintos con los que improvisa construcciones, como en libros intervenidos irresponsablemente con tachaduras y comentarios. Un pensar nutrido en la ambigüedad de las transposiciones, que se abre forzando modos de empleo de los materiales, de las citas fuera de contexto, entrechocándolos como en un cubilete. Un cavilar que se sostiene en la metáfora y las aporías para repensar el inter juego de los elementos de la arquitectura e interpelarnos, o al menos sorprendernos.

Iglesia nos confronta con un modo primitivo, pre-artesanal, de hacer —*bricoleur* lo llamé en una conferencia—. Pretende colocarse en el mismísimo punto cero de la creación —sin oficio, sin reglas del arte, sin tradición, sin utensilios ajustados por siglos de práctica— para sumergirse en el opaco magma del tanteo y la intuición, con la única luz de ciertas ideas a las que accede cabalgando "a pelo" sobre los textos. Es justamente sobre esta operación que Solari nos brinda una lección inesperada.

Han sido múltiples y variadas las alusiones al trasiego entre filosofía y arquitectura, entre sociología, antropología, literatura, y aún música y artes plásticas, y el proyecto. En general no superan la identificación de referentes probables y poco agregan sobre el cómo y los límites de estas trasposiciones, deteniéndose en la orilla segura de la inspiración. En este libro, a través de una historia de vida, de unos libros subrayados, de unas memorias recuperadas, Solari persigue y explica un proceso: torpe, a tanteos, iluminado por ramalazos de inspiración o ráfagas de entendimiento atados a ciertas palabras o frases que, como puentes metafóricos, generalmente explican un camino luego de haber llegado.

Decíamos que el libro presenta a Iglesia desde una condición posdisciplinar en la que las categorías del hacer —con el lápiz, la computadora, el banco de juegos, la obra— se superponen y se traducen en la fragilidad —material pero también propositiva— de edificios singulares, sin réplica posible, que requieren de la página poética que los explique para ganar visibilidad, paradójicamente a salvo de la crítica que se repliega y opta por ser su intérprete, su comentarista. Solari nos convoca a repensar el rol suplementario generalmente atribuido a la manipulación de objetos y materiales, ya no para doblegarlos en la construcción de una maqueta, sino como almácigo de formas: una comunión pre-edificatoria aunque constructiva. También a reflexionar sobre la óptica restrictiva desde la que abordamos el aporte de las palabras, ya no por fuera justificando profundidades conceptuales que preceden y exceden la obra, sino como otros materiales para el juego, desgajados de contexto y disponibles junto a los residuos de cosas, para activarse mutuamente ocupando alternativamente el lugar de la yesca o el pedernal.

Anclado en las impurezas del género biográfico, el libro no rehúye la ilusión explicativa, la atribución de sentido a unas acciones y unos productos amarrados en la frágil subjetividad de un "autor". Nos convida a reflexionar sobre unos modos de pensar y actuar con los que nos une la empatía y en los que queremos vernos reflejados. Tras su lectura queda en nuestras manos una cartografía, más rica y compleja, de los caminos hacia la forma arquitectónica que, al procurar explicar la magia de Iglesia, Solari hace visibles y torna en posibilidad.

Tuve la suerte de acompañar a Solari. Desde un inicio enredado en explicaciones ideológicamente correctas que encontraba razones en fórmulas contextuales, para pasar a inmersiones amorosas con sus deudos, custodios de reliquias y recuerdos fragmentarios, y diseccionar luego, a través de los teóricos de la tectónica, un juego de fuerzas relatadas desde la empatía corporal. La suya fue también una aventura, de esas en las que se sabe el comienzo y se cuenta con el impulso necesario, pero se desconoce no sólo el final sino las pruebas que asechan en el recorrido. El producto es este libro exquisito en su estructura, en su escritura, en el cuidado con que interpela una vida, un esfuerzo, una experiencia, una obra.

Solari supo abrir la caja de Pandora. Organiza un relato mesurado y probado, juicioso e iluminador, del drama de la creación, de las aventuras de una mente febril cuyas búsquedas no sacian. Y no solo logra, en este libro, sintetizar en palabras y procesos la poética de Iglesia. También aporta, ejemplificando, al inventario razonado de los mecanismos de ideación de espacios y construcciones. Y nos deja, palpitando, explicaciones útiles para el hacer y el enseñar arquitectura.

Ana María Rigotti
31 de julio 2020.

Agradecimientos
del autor

Este libro se basa en la tesis de maestría titulada *Las lecturas en la construcción de una poética. Rafael Iglesia (1991-2010)*, cuya defensa fue sustanciada el 19 de septiembre de 2019, en la Facultad de Arquitectura Diseño y Urbanismo de la Universidad Nacional del Litoral. Por tal motivo, deseo reconocer especialmente a Luis Müller, director de la Maestría en Arquitectura, quien generosamente promovió y acompañó su elaboración. Por su intermedio, hago extensiva mi gratitud para con la Facultad de Arquitectura, Diseño y Urbanismo de la Universidad Nacional del Litoral, por la excelencia del cuerpo docente convocado para el dictado de los seminarios de la Mención en Teorías de la Arquitectura Contemporánea de la carrera y por el apoyo institucional recibido en mis postulaciones a las becas otorgadas por las universidades de San Pablo y Kassel.

Quiero asimismo destacar y agradecer, particular y profundamente, la labor y la calidez humana de Ana María Rigotti, quien dirigió mi tesis y aportó con su sagaz intelecto a la construcción de los temas que aquí se tratan. Entre otras, la sugerencia de la lectura de Paul Valéry ha sido sustancial para el enfoque de las interpretaciones que siguen. Por los mismos motivos, estimo el aporte realizado por Ricardo Ibarlucía, tanto en su rol de codirector como de profesor del seminario de "Temas y Problemas de la Estética Contemporánea". Fueron sus clases las que inspiraron este trabajo. Por las enriquecedoras conversaciones mantenidas y por el ilimitado acceso concedido a sus archivos personales, merecen un inconmensurable agradecimiento María Isabel Bautista y Gustavo Farías, los colaboradores más cercanos y comprometidos con el trabajo de Iglesia en el período expuesto en las próximas páginas. En un mismo sentido, por posibilitar la irrestricta indagación de la biblioteca del arquitecto, manifiesto mi gratitud a su sobrina, Guillermina Iglesia. Asimismo, retribuyo los extensos diálogos, las entrevistas dispensadas y los datos aportados a Rita Campodónico, Mariel Suárez y Gerardo Caballero.

Agradezco a Ana Gómez Pintus la crítica de algunos de los escritos difundidos en el transcurso de la elaboración de mi tesis. A Carla Berrini, el trabajo y las interpretaciones conjuntas respecto de la trama de relaciones instituidas por el Grupo R. A María Victoria Silvestre, la labor compartida en los últimos años y el valioso aporte de sus reflexiones acerca de las arquitecturas recientemente construidas en el Cono Sur. A Silvia Pampinella la meticulosa revisión del texto definitivo.

En igual medida, hago pública mi retribución a la extensa nómina de estudiantes, docentes, profesores invitados y colaboradores de Iglesia que, entre los años 2014 y 2018, tomaron parte de las materias optativas "Tectónica contemporánea" y "Rafael Iglesia: Inventario razonado", dictadas en la Facultad de Arquitectura Planeamiento y Diseño de la Universidad Nacional de Rosario, donde se estudió y puso en discusión la obra y el pensamiento de Iglesia de manera sostenida. Todos ellos han hecho contribuciones indispensables a mi trabajo.

A Martina, por su paciente apoyo y entrañable presencia.

Me pareció que como pintor era
mucho mejor estar influido por
un escritor que por un pintor.

Marcel Duchamp (1946)[1]

[1] El párrafo aparece marcado por Iglesia en su ejemplar del libro de Graciela Speranza (2006: p. 23).

Introducción

El título *Lecturas…* devela la trama subyacente que soporta esta indagación: las lecturas de Rafael Iglesia y, particularmente, los indicios de sus marcas sobre el papel impreso, sobre sus objetos-libros. Quizá, no tenían otro propósito que el de recordar aquello que lo había iluminado con una pregunta. O puede que trazara esas marcas como vínculos con lo que cada autor le transmitía según su capacidad de "objetar" sus propias insuficiencias y, por tanto, las insuficiencias compartidas. Queda allí una incógnita acerca de la operatoria que sustentó sus acciones. Los fragmentos marcados que están citados a lo largo de las distintas partes de este libro son piezas que conforman una especie de rompecabezas para objetar a un lector que podrá imaginar otros modos de acomodarlas y, así, también jugar. Como lo hizo alguna vez Iglesia, a quien lo atraían tanto el juego con palabras como el juego con los materiales de construcción, una combinación compleja de mente y de manos, siempre desafiando el equilibrio consagrado.

En 1991, Iglesia y un grupo de arquitectos con sede en Rosario —que, desde 1993, se denominará Grupo R— participan de la organización del congreso "La construcción del pensamiento" y, entre 1994 y 2000, de la realización de ciclos de charlas de los que toman parte, mayoritariamente, arquitectos españoles, portugueses, escandinavos y argentinos. Este marco, en el que se tejen redes y vínculos personales, propicia la ruptura de un campo arquitectónico maduro, pero marcado por su provincialismo, y la puesta en discusión de los modos de ver, juzgar y hacer arquitectura con referentes de peso en la esfera internacional. En el último ciclo de charlas —"Arquitectura 2000"—, tras haber alcanzado las instancias finales del 2do. Premio Mies van der Rohe de Arquitectura Latinoamericana, disertan Solano Benítez e Iglesia.

Desde entonces, reafirmando el sentido de la poética como producción, Iglesia concibe una constelación de obras con las que problematiza aspectos disciplinares vinculados al sistema de sostén, la acción de construir y los prejuicios implícitos en ciertos programas. Sin embargo, la piedra fundacional de esa constelación ya había sido colocada en el Centro Integral Cardiovascular de 1997. En esta obra revela una manera de hacer arquitectura que divide las aguas y pone en escena un *modus operandi* que lo construye como arquitecto: intelectual, contestatario, sagaz y provocador. De manera coincidente, la crítica y ciertas publicaciones argentinas —*Arquis, Summa+*— e internacionales —*ARQ, Arquine, Casabella, Arquitecturas de Autor*— comienzan a prestar especial atención a lo realizado por algunos de los integrantes de un conjunto emergente de arquitectos del Cono Sur, que también incluye a Alejandro Aravena y Angelo Bucci.

Del copioso número de contribuciones dedicadas al estudio de la obra de Iglesia, es importante para mi trabajo la temprana difusión que Alejandro Lapunzina (1998) hace del fenómeno que, entre 1991 y 2000, constituye el tejido de redes de actuación y las actividades organizadas por el Grupo R. Considero sustancial además la inicial contribución de Jorge Francisco Liernur (2001), quien, corriendo la mirada de la ciudad de Buenos Aires, contrapone la emergente producción de Iglesia y sus colegas rosarinos al *status quo* profesionalista imperante en la Argentina desde la trágica década de 1970. Son en igual medida relevantes las primeras conceptualizaciones trazadas por Horacio Torrent y Fernando Pérez Oyarzun desde la revista chilena *ARQ* (2002). El primero, explica que lo producido por los jóvenes arquitectos del Cono Sur —entre otros, Gerardo Caballero, Benítez e Iglesia— rehúye la formulación del discurso latinoamericanista y la posibilidad de transformar el estado de la cultura, planteando aproximaciones al arte desde la condición sensible que plantea, por ejemplo, en su relación con el paisaje. Pérez Oyarzún aborda el mismo fenómeno, pero desde su dimensión tectónica y en relación al inesperado uso que de algunos materiales hacen arquitectos como Iglesia. Corrido de dicho eje de discusiones, desde la perspectiva profesionalista de la revista *Summa+*, Fernando Diez (2003a) propone que la labor de Iglesia puede comprenderse en el campo de las indagaciones de una "arquitectura de proposición" cuya finalidad es aportar innovaciones a la "arquitectura de producción". Tras un lustro de controversias y aproximaciones dispares a la obra de Iglesia, es recién en 2006 cuando algunos autores suspenden el estudio de los objetos arquitectónicos para dedicarse a explorar, a grandes rasgos, sus procesos de diseño. Esto aparece en dos elaboraciones tempranas —y en algunas réplicas posteriores—. Por una parte, Liernur (2006a) profundiza el estudio del contexto disciplinar y cultural en el que Iglesia se desempeña y expone su modalidad de trabajo arcaica, en *bottega*, despreocupada de las urgencias del mercado. Por otra, en un artículo del mismo año[2], Ana María Rigotti (2015) indaga con mayor interés la manera en que Iglesia hace arquitectura y devela algunas de sus fuentes de inspiración: una palabra, un verso, los experimentos con materiales plebeyos. Estos trabajos han despertado mi interés por la exploración de los diversos modos de conexión y codificación entre la exterioridad de relaciones implicadas en las referencias de Iglesia a la literatura y filosofía contemporáneas y sus persistentes investigaciones formales y estructurales desprovistas de programa arquitectónico, ambas convergentes en lo que he denominado un "programa creativo".

Para abordarlo, hago uso de la definición de *Poética* de Paul Valéry (1990) como acción que hace, puesto que comprende los dos movimientos que concurren en igual medida en los trabajos de Iglesia: por una parte, la contradicción y el error; por la otra, el orden y la concentración. Pretendo así develar el proceso de construcción de una poética que, según mi hipótesis, se funda en inesperadas concordancias entre trayectos de lecturas y desprejuiciadas y azarosas exploraciones estructurales —"juegos con maderitas", así las denomina el arquitecto— reafirmado luego en la escritura de las memo-

---

[2] El artículo, que Rigotti escribe en 2006 para acompañar una publicación sobre la obra de Iglesia en la revista mexicana Arquine que no llegó a editarse, es difundido tardíamente por Summa+, en 2015, tras el fallecimiento del arquitecto.

rias para las obras como una suerte de autodescubrimiento *ex post*. Las fuentes de este trabajo son los edificios construidos por Iglesia, sus escritos publicados, una serie de entrevistas realizadas a sus colaboradores y colegas, un desordenado archivo informático rescatado de su computadora y parte de su biblioteca, que ha quedado al cuidado de su sobrina, la arquitecta Guillermina Iglesia. Respecto de esta última fuente, he prestado especial atención a las anotaciones al margen y los subrayados como huellas de sus lecturas y cabeza de puente para establecer relaciones con sus proyectos y escritos. Estos índices de la atención y procesos de descubrimiento sobre los libros fueron los que nutrieron mi interés en indagar sobre un modo de imaginar, de pensar y de hacer, dimensión inexorable de la crítica de la obra de arte: el proceso de creación. Con este objetivo es que me aproximé a la producción de un arquitecto entendido como emergente excepcional de un momento: la última década del siglo XX que, tras la desilusión respecto a las exploraciones posmodernas, configura una recuperación desideologizada y distante respecto de cierto paradigma moderno; y un lugar: la ciudad de Rosario como escenario privilegiado —y azaroso— de una reformulación de lo latinoamericano que fue caracterizada por Torrent (2002) como ajena o liberada de todo discurso sobre lo propio y lo identitario. En ese sentido, este trabajo pretende contribuir a un modo de reflexión teórico estética poco explorado de la arquitectura contemporánea en América Latina.

El período que aquí se expone (1991-2010) queda definido por el momento de integración de Iglesia a redes interpersonales de actuación, caracterizado por un interés creciente en conocer y promover el pensamiento disciplinar en un marco periférico —singularizado hasta entonces por una ética profesionalista sustentada en la eficiencia programática y constructiva, ajena a todo despliegue teórico o artístico—, y el trágico accidente cerebro vascular que, en 2010, limita notoriamente sus posibilidades de producción arquitectónica. El libro se divide en tres partes. Doy inicio a la primera con la exposición de una trama de acontecimientos coincidentes en tiempo y espacio con los albores de la construcción de una poética en Iglesia, deteniéndome especialmente en su participación en los encuentros organizados por el Grupo R y en su interés, por entonces incipiente, en la lectura de filosofía, ficciones y ensayos literarios. Seguidamente, presento el aporte realizado a la teoría del arte por Valéry, consistente en restituir y dar sentido a la noción de poética —término que refiere al acto creativo del poeta— y que, a los fines de este trabajo, empleo como instrumento conceptual para indagar el programa creativo del arquitecto.

La segunda parte es la más extensa y está dedicada a la interpretación de la construcción poética de Iglesia en el marco dado por su obra construida. Los aspectos que abordo aquí son las referencias a la literatura y filosofía contemporáneas en su hacer y en su discurso; sus exploraciones formales y estructurales; la escritura de las memorias de sus obras y los diversos modos de conexión y codificación que, entre unas y otras, salen a la luz.

El último apartado del libro se concentra en exponer el impacto de su obra en el entorno cultural. Por una parte, pondero su participación en el colectivo de arquitectos latinoamericanos denominado América[no] del Sud, cuyas producciones resuenan de manera equivalente en publicaciones especializadas y encuentros académicos. Por otra, procurando trazar hilos con preocupaciones también presentes en la construcción de su poética y que le otorgan una dimensión intelectual y política, me refiero a aquellos intereses extradisciplinares que Iglesia hace públicos en algunos de sus escritos y que son difundidos por distintos medios —revistas de arquitectura, periódicos, páginas de Internet—: particularmente, su preocupación por las asimetrías del mundo globalizado y sus perversas consecuencias.

Finalmente, propongo una serie de conclusiones parciales y provisionales, enunciadas como un desafío para ser discutidas y cuestionadas por los lectores. De aceptarse este convite, el propósito de este libro estará plenamente cumplido.

Síntesis biográfica de Rafael Iglesia

Rafael Iglesia nace el 2 de octubre de 1952 en la ciudad de Concordia, provincia de Entre Ríos. Desde entonces y hasta 1956 vive en la ciudad de Monte Caseros, provincia de Corrientes. Luego, con motivo de los traslados de su padre, militar en ejercicio, reside junto a su familia en diversas localidades de la Argentina —Resistencia, Campo de los Andes, Buenos Aires, Concepción del Uruguay y San Martín—. En 1969 se instala en Rosario —donde, más tarde, desarrollará el grueso de su obra— y en marzo de 1973 inicia la carrera de Arquitectura, graduándose de arquitecto en 1981. En 1991, obtiene la Medalla de Plata en el Foro Mundial de Jóvenes Arquitectos, en Buenos Aires; ese mismo año, integra el grupo que, desde 1993, se denominará Grupo R junto a Gerardo Caballero, José María Dángelo, Rubén Fernández, Rubén Palumbo, Augusto Pantarotto, Gonzalo Sánchez Hermelo y Marcelo Villafañe. Durante la década de 1990, dicho grupo organiza un congreso y ciclos de charlas sobre arquitectura. Entre 1993 y 1996, realiza trabajos en sociedad con Gerardo Caballero y Rubén Fernández. En adelante, ejerce de manera independiente y realiza algunas de sus obras asociado con Mariel Suárez. En 2000, es nominado al 2do. Premio Mies van der Rohe de Arquitectura Latinoamericana por la Casa en la Barranca (1998), llegando hasta la instancia semifinal. En 2002, recibe el Premio Konex de Platino, correspondiente al quinquenio 1997-2001. En 2014, es distinguido como uno de los siete finalistas del Mies Crown Hall Americas Prize (MCHAP) a la mejor obra construida en América desde inicios del siglo XXI, por el edificio Altamira (2000). Simultáneamente, desarrolla una intensa labor como conferencista y profesor invitado en casas de altos estudios de Europa, Estados Unidos y América Latina. En 2013, junto a Solano Benítez, Ricardo Sargiotti, Angelo Bucci, Alejandro Aravena y José M. Sáez Vaquero, componen el colectivo America[no] del Sud para la realización, en el mes de septiembre, de un ciclo de charlas con sede en las ciudades de Tucumán, Córdoba y La Plata. Iglesia fallece en Rosario, el 20 de septiembre de 2015.

Primera parte: *episodios inesperados*

En el corazón mismo del pensamiento del sabio o del artista más absorto en su investigación, y que parece más encerrado en su esfera propia, en un mano a mano con aquello que es más sí mismo y más impersonal, existe no sé qué fuente de presentimiento de las reacciones exteriores que provocará la obra en formación: el hombre está difícilmente solo.

Paul Valéry (1990: pp. 111-112)

Unas palabras de Jacques Meuris subrayadas por Iglesia revelan una secreta identificación de su etapa de estudiante con el retrato de Magritte que le ofrece el autor Belga:

El rumbo decisivo que hizo de Magritte lo que ha sido en el campo de la pintura de objetos del siglo veinte, no se le presentó claramente cuando inició su aprendizaje. [...] Desde su llegada a la Academia, Magritte profesó por esta institución un desdén juvenil, que ahora le parece insolente, desde el día que no supo percibir claramente los objetivos reales de aquel establecimiento. (1997: p. 20)

Los últimos años de la formación de Iglesia como arquitecto y los iniciales del ejercicio profesional coinciden con una Argentina oscura, turbulenta y atravesada por el miedo y el silencio de la dictadura militar autodenominada Proceso de Reorganización Nacional (1976-1983). Con contadas excepciones, Liernur caracteriza la arquitectura desde mediados de la década de 1960 como "una producción sobria, basada en el ejercicio de pericias proyectuales consolidadas, más interesada por la eficacia profesional de sus resultados, que por afrontar la incertidumbre de posiciones críticas" (2006: p. 4). Para el historiador argentino, tal actitud es consecuente con el escenario de inestabilidad y violencia presente en el país —cuyo encumbramiento se da, a partir de 1976, con el terrorismo de Estado— y las crisis políticas, económicas e institucionales desatadas con posterioridad a 1983 (2001: p. 359).

En un sentido similar, aunque en el campo específicamente disciplinar, para Graciela Silvestri, en el ocaso del siglo XX, la arquitectura pasa de entenderse "como disciplina perteneciente al mundo de las reflexiones artísticas e intelectuales" a "comprenderse exclusivamente como práctica profesional", suprimiendo de esta forma la reflexión crítica sobre el quehacer arquitectónico (1998: pp. 56-57). No muy distinta es la opinión de Fernando Aliata — integrante del mismo grupo intelectual— que asegura que "si durante la década de 1960 el desarrollo de la arquitectura en la Argentina se había caracterizado por una rara conjunción entre práctica y experimentación [...] durante la década de 1990 ese espacio pareció cancelarse definitivamente" (2006: p. 88).

En 1981, Iglesia se gradúa de arquitecto y en la década siguiente ejerce como inspector de obras particulares de la Municipalidad de Rosario y como proyectista en una empresa constructora local, mientras realiza unas pocas obras de arquitectura: Casa Ravallol (1982), junto a Rubén Fernández; Pabellón Asturiano (1985); Conjunto de 442 viviendas SUPE (1985); Casa Genera (1987), junto a Paula Fierro; Centro Comercial Paseo Luzuriaga (1992); Casa Juana Azurduy (1994) y Vestuarios y Guardería Náutica M&M (1996), junto a Gerardo Caballero. Estos trabajos escasamente difundidos, como apunta Lapunzina, "muestran una arquitectura relacionada a las teorías y enfoques tipológicos que llegaban sobre todo desde Italia desde fines de la década precedente" (1998: p. 22). Para entonces, nada permite vislumbrar su ulterior producción. Sin embargo, en 1991, comienza a abrirse un camino impensado hacia un programa creativo singular cuando, junto a un grupo de amigos y colegas, Iglesia participa de la organización del Congreso

de Arquitectura "La construcción del pensamiento", realizado en Rosario entre el 2 y el 5 de mayo. En dicho evento —que, fruto del inicial acercamiento de Gonzalo Sánchez Hermelo a Jorge Glusberg, en aquel momento director del Centro de Arte y Comunicación de Buenos Aires, y posteriores gestiones de Villafañe, Caballero y del propio Iglesia es declarado Pre-Bienal de la Bienal de Arquitectura a desarrollarse en Buenos Aires en 1992— disertan, entre otros, Mario Botta, Mario Corea, Mario Gandelsonas, John Hedjuk, Rafael Moneo, Alvaro Siza, Justo Solsona, Clorindo Testa y Rafael Viñoly.

Impulsado por el interés creciente en conocer y promover ciertas arquitecturas —que oscilan entre la reinterpretación de la arquitectura moderna y el abandono de los principios de eficiencia funcional— y por la vasta difusión que alcanza el congreso, a través de la cobertura que del mismo hacen medios locales y nacionales —por ejemplo, aparece en el suplemento de arquitectura del periódico El Cronista Comercial—, el grupo que, desde 1993,

FIGURA 01 /

Integrantes del Grupo R junto a Juhani Pallasmaa en el acceso al Centro Cultural Parque ce España. Fuente: archivo personal Gerardo Caballero.

[3] Además de Iglesia, integran el Grupo R: —Gerardo Caballero, José María Dángelo, Rubén Fernández, Rubén Palumbo, Augusto Pantarotto, Gonzalo Sánchez Hermelo y Marcelo Villafañe—.

se denominará Grupo R³ (Fig. 1), se decide a organizar, antes que un nuevo congreso, ciclos de charlas que se desarrollarán en el Centro Cultural Parque de España entre 1994 y 2000, con el apoyo de la Municipalidad de Rosario. Será clave para los primeros ciclos el estrecho vínculo entre algunos de los miembros del grupo y Glusberg, quien facilita el arribo a Rosario de referentes de la arquitectura internacional, convocados por el gestor cultural a pronunciar conferencias en el Centro de Arte y Comunicación de la ciudad de Buenos Aires.

Del primer ciclo, "Arquitectura española contemporánea" (1994), participan Oriol Bohigas, Ignasi de Solá Morales y José Antonio Martínez Lapeña, de Barcelona; Luis Peña Ganchegui, de San Sebastián; Alberto Campo Baeza, de Madrid; Antonio Ortiz, de Sevilla y Manuel Gallego, de La Coruña. La selección de estas figuras da cuenta de un programa y de líneas de actuación a difundir, en sintonía con el interés que despertaban publicaciones españolas como *Quaderns, El Croquis y Arquitectura Viva*. La filiación del grupo con el fenómeno catalán es exhibida por Iglesia en el discurso de introducción a una conferencia de Pablo Beitía en el Centro Cultural Parque de España (1995) —discurso premonitorio del giro que darán sus indagaciones cuando provocativamente se despegue de las deudas de dicha filiación—:

> Cuando fundamos nuestro Grupo R, lo hicimos por el homónimo grupo que se fundara en Barcelona y por supuesto por la R de Rosario. Sabíamos ya que el grupo R español se creó para introducir los lineamientos de la Arquitectura Moderna en un país dominado por una Arquitectura oficial en la época de Franco. Pero siempre quise saber por qué R. Y cuando lo tuvimos [a Oriol Bohigas] ahí, le preguntamos. Y nos contestó solamente: porque la letra R es una letra fuerte, nada más. Yo me imaginaba racionalismo, revolución, qué sé

yo, muchas cosas más. Pero por esa necesidad que tiene uno de buscar interpretaciones —porque finalmente formalizar e interpretar es lo que hacemos— apelaré a la posibilidad que nos da el lenguaje de decir algo y estar leyendo otra cosa. La letra R en sí, el signo dentro del lenguaje, cuando se transforma en palabra aparece el verbo: erre, de errar, de errante. Y esto es lo que me interesa: ¿qué es errar sino desacertar, no dar en el centro? Desde el Renacimiento hasta nuestros días un orden conceptual nos impide ver el mundo en su verdadera complejidad. La certeza consolidándose en base a simplificaciones. El errante, el nómade, [...] maneja otros tiempos, otros espacios. No va de un punto a otro, sino entre dos puntos. No sigue los caminos. Su hábitat es el viaje (en Kogan, 2014: p.169).

Al siguiente ciclo, denominado "Prácticas conceptuales" (1995), asisten Pablo Beitía, Eduardo Souto de Moura, Wiel Arets, Ramón Sanabria y Carme Pinós. Posteriormente, en el marco del ciclo "Arquitecturas lejanamente cercanas" (1996), disertan Pantarotto, Eduard Bru, Josep Llinás y Carlos Ferrater. Como consecuencia de los vínculos cultivados por el arquitecto Luis Caffaro Rossi durante su estadía en Suecia, un año más tarde, del ciclo "Arquitectura Escandinava" (1997) toman parte Jan Erickson, Per Olaf, Ben Edman, Jan Arnfred y Juhani Pallasmaa. Ese mismo año, en el que se inicia el proyecto del edificio del Centro Municipal de Distrito (CMD) Sur "Rosa Ziperovich" (1998–2001), encomendado por la Municipalidad de Rosario a Siza, dicta una conferencia el arquitecto portugués. Más tarde, fruto de la gestión de Mariel Suárez[4], quien ese mismo año da inicio a su labor como representante de la Municipalidad de Rosario en el estudio

---

[4] Mariel Suárez (1967) es arquitecta. Entre 1999 y 2008, realiza trabajos asociada a Rafael Iglesia.

FIGURA 02 /

Portada de la revista
Arquis N°15 (1998).

de Siza en Portugal, organizan el encuentro "Presença portu-guesa" (1998), al que concurren Souto de Moura, Gonçalo Byrne, Adalberto Dias y Joao Luis Carrilho Da Graça.

Contemporáneamente, en un número dedicado por la revista *Arquis* a la labor de este emergente grupo de arquitectos rosarinos (Fig. 2), Lapunzina habla de la gestación de una cultura arquitectó-nica crítica que, desde Rosario y en la década de 1990, "exhibe una propuesta renovadora que nos obliga a reflexionar" (1998. p. 14). Para Lapunzina, la selección de los disertantes invitados a las charlas organizadas en Rosario expone la intención de divulgar un discurso emparentado con posiciones que se desarrollan en Europa y los Estados Unidos, bajo la idea de concebir y producir arquitecturas vinculadas al campo del pensamiento y su evolu-ción, pero, por sobre todo, a la vanguardia intelectual catalana, crítica y transformadora del discurso arquitectónico, que indu-dablemente sedujo a los jóvenes arquitectos rosarinos, algunos de los cuales —fruto de sus estancias en Barcelona— habían sido testigos del proceso de renovación de ideas documentadas y di-fundidas por "las nuevas revistas de arquitectura". Más tarde, Silvia Pampinella interpreta que el congreso organizado por el Grupo R en 1991

fue un impulso para las vinculaciones entre lo que al-gunos llaman el pensamiento débil y la disciplina. De-trás de la expresión usada por Gianni Vattimo y puesta en circulación en los ochenta, había una idea acerca de la estética de la cultura contemporánea que daba un valor paradigmático a las experiencias de lo artístico, aun desde una posición periférica, para la construcción de lo débil real; experiencias heterogéneas, fragmen-tarias, marginales, que recondujeron las indagaciones a escoger sus puntos de partida desde situaciones tan-genciales (2006a: p. 21).

En una tesis reciente, en el contexto del tratamiento de las transformaciones de las prácticas proyectuales en la Universidad de Buenos Aires, Carolina Kogan evalúa que

> la cultura arquitectónica rosarina de los 90 produjo un gran aporte a la renovación del campo intelectual de los arquitectos argentinos [...]. Parte de las ideas que entonces circularon pueden encontrarse en los registros fílmicos de una serie de conferencias internacionales sobre Arquitectura Contemporánea que tuvieron lugar en la ciudad de Rosario desde 1994 y hasta el año 2000 y que fueron organizados con el apoyo del Centro Cultural Parque de España y de la Municipalidad de esa ciudad, por iniciativa de los arquitectos del Grupo R. [...] en estas jornadas no existió diálogo con otras disciplinas: más bien se trató [...] de una oportunidad para repensar y reconfirmar —una vez más— los límites del campo disciplinar. Así como los ciclos fueron promovidos y presentados por arquitectos practicantes, también casi el total de las charlas fueron hechas por arquitectos que mostraron sus obras o proyectos no construidos, enfocándose en el modo en que éstos fueron pensados. En síntesis, se trató de una muestra de Arquitectura Contemporánea y de discursos acerca del modo de hacer del arquitecto" (2014: pp. 166-168).

Lo cierto es que estos ciclos fueron posibles por la constitución de lazos forjados inicialmente por Caballero y Corea (Berrini y Solari, 2018). Lazos que, asimismo, hablan de un clima de época que los atraviesa y del interés en la emergencia de una "arquitectura débil" para la cual la pobreza sudamericana aparece como oportunidad. El roce con estos arquitectos, que visitan la ciudad a lo largo de la década de 1990, implica para los miembros del Grupo R un acer-

camiento tanto a sus obras como a sus pensamientos y, fundamentalmente, una oportunidad de poner en discusión los modos de hacer arquitectura. En este marco, construyen amistades y fortalecen el tejido de redes y entramados de vínculos internacionales en primera persona —sin instituciones, como el Colegio de Arquitectos o la Facultad de Arquitectura, de por medio—. Si bien no es posible establecer relaciones de causalidad entre estos acontecimientos y la obra futura de Iglesia, Caballero especula que los ciclos de charlas y los encuentros con referentes como Souto de Moura y Siza fueron importantes: no sólo sus obras, sino sus *maneras de pensar y ver la arquitectura* (en Solari, 2019: p. 177).

Especial relevancia tendrá el último ciclo organizado por el grupo rosarino, "Arquitectura 2000" (2000), en el que se reúnen mayoritariamente arquitectos locales y latinoamericanos —Xavier Vendrell, Oscar Fuentes, Leopoldo Laguinge, Pablo Rozenwasser, Toni Girones, Benítez e Iglesia, como organizador y disertante—, abriendo una nueva etapa de reflexiones y relaciones con pares de la región, que se desarrolla en los años sucesivos y que concluye en el denominado "Giro America[no] del Sud", en 2013.

Con posterioridad a este encuentro y estimulada por su nominación al 2do. Premio Mies van der Rohe de Arquitectura Latinoamericana (2000) (Fig. 3), por la Casa en la Barranca (1998), la producción de Iglesia estalla en el sentido de una propuesta personal e inédita[5]. La pronta aparición en escena del edificio Altamira (2001) y de la sucesión de obras compuesta por la Quin-

---

[5] La relevancia del premio otorgado, en sus dos ediciones, por la Fundación Mies Van der Rohe a obras de arquitectura latinoamericanas, ha sido fuertemente cuestionada por autores como Liernur (2002). No obstante, el acceso de Iglesia a las instancias finales del mismo fue determinante para la masiva difusión de su producción arquitectónica en medios editoriales. Además, con posterioridad a su nominación, recibió una importante cantidad de invitaciones para dictar conferencias en el exterior. Entre ellas, la que le hiciera Jorge Silvetti —uno de los miembros del jurado de dicha premiación— en 2002, en el marco de la Exposición de Arquitectura Latinoamericana, Latin America DSG, en la Universidad de Harvard. En la misma edición, Benítez fue uno de los siete finalistas con el Complejo Vacacional del Sindicato de Trabajadores de la Administración Nacional de Electricidad (1997).

cha y piscina (2001), la Escalera (2002) y el Quincho (2002) hace
que los medios académicos y editoriales, definitivamente, posen
la mirada sobre su hacer y lo transformen en un fenómeno me-
diático dentro del universo de la cultura arquitectónica.

Como recuerda Liernur (2010: p. 251), en los albores del nuevo
siglo —y a pesar de un panorama cargado de desánimo e incertidumbre en el contexto marginal de un país signado por estalli-
dos sociales—, se evidencian algunos signos que indican que la
tendencia dominante de cierta apatía disciplinar en la Argentina
puede revertirse. En este marco, Silvestri subraya que algunas
producciones comienzan a delinear la excepción y apela a "estar
atentos a las pequeñas, pero significativas, trasgresiones a la
norma" (1998: p. 61). Confirmando estas presunciones, van a
sucederse una serie de apreciaciones críticas que contraponen
al *status quo* profesionalista imperante durante y después de los
años de plomo, la emergencia de ciertos episodios inesperados.
Clave en este proceso es el número 51 de la revista chilena *ARQ*
(Fig. 4), de 2002, dedicado a examinar la arquitectura reciente
del Cono Sur. En ella no sólo se subraya un fenómeno, sino que
se elabora una conceptualización. Torrent, por fuera del discurso latinoamericanista, introduce una primera hipótesis y trabaja
sobre el efecto: obras como la Plaza Santa Cruz (Caballero y Ariel
Giménez Rita, 1989) (Fig. 5) y 4 Vigas (Benítez, 2000) exhiben las
marcas de un nuevo camino ya que "exploran el campo de la imagen para constituirse en dispositivos de impresión y sorpresa";
intentan escapar a su manipulación como producto y rehúyen
la posibilidad de formulación de "un discurso genérico coheren-
te" (2002: p. 12). Estas obras de pequeña escala, en su mayoría
operas primas de jóvenes arquitectos que no se sostienen en
visiones idealistas de un cambio en las condiciones económicas
y sociales, ni se proponen transformar el estado de la cultura
o la civilización —características de la modernidad—, exponen
para Torrent una nueva manera de *ver y hacer arquitectura* "sin

retórica" y evidencian cierto pragmatismo y aproximaciones al arte, "no como integración arte-arquitectura, sino como condición de obras íntegras, donde la arquitectura asume condición elocuente de obra de arte, del arte reciente, a veces hermético en sus significados pero elocuente en la condición sensible que nos plantea" (2002: p. 12).

En la misma publicación, Pérez Oyarzun suma otra hipótesis, asociada a lo tectónico y a cierta perversión en el manejo de los materiales. Advierte que algunos arquitectos de América Latina comienzan a prestar especial atención a la condición física y gravitacional de la arquitectura y que, en muchas de sus obras, el uso de los materiales no queda necesariamente acotado a "las normas de una supuesta racionalidad en su uso, sino más bien a exploraciones interpretativas que ponen de relieve flancos inéditos del material empleado" (2002: p. 5). El arquitecto chileno explica asimismo que, en algunos de estos proyectos,

al adquirir un rol argumental, la estructura resistente no necesariamente sigue la vía más sencilla para conducir los pesos a la tierra. Es precisamente ese trayecto el que cuenta su propia historia: una suerte de odisea que lleva desde la cubierta a la fundación. La estructura deja de ser, entonces, el servicial soporte de una forma dada, para acceder ella misma al estatuto de forma, o constituir una dimensión muy significativa de ella. La obra puede llegar a verse, entonces, como una intencionada y cuidadosa manera de disponer pesos y fuerzas (2002: p. 6).

FIGURA 05 /

Plaza Santa Cruz
(1989).
Fuente: archivo
personal Gerardo
Caballero.

La piedra fundamental

La piedra fundamental de la producción madura de Iglesia es colocada en el Centro Integral Cardiovascular (1997) (Fig. 6). En esta obra se devela el programa creativo que divide aguas y pone en escena su *modus operandi*. Es el punto de inflexión donde comienza a construir su arquitectura, su discurso y a sí mismo como un arquitecto que pretende romper el estrecho círculo del profesional liberal con una clientela local para explorar el territorio de un intelectual contestatario, sagaz y provocador, que funda su obra en la dimensión artística. Esta abrupta metamorfosis en su hacer y la gradual conformación de un espíritu transgresor en sus modos de obrar, juzgar y operar en el medio disciplinar son detonadas por sus lecturas de literatura y filosofía contemporáneas. Según observa Suárez, el quiebre en su producción

FIGURA 06 /

Centro Integral Cardiovascular (1997). Fotografía: Lisandro Villanueva.

está directamente asociado con los inicios de su interés por leer. Con la lectura modifica su estructura de pensamiento y empieza a construir una voluntad transgresora que lo empuja a romper con todo: con la historia de su familia conservadora, con la institución familiar y la figura de un padre militar[6], pero además, con su familia constituida[7] que implica —me animo a decir— una restricción en medio de esta "explosión". "Estalla", sí, rompe con todo, se separa y empieza a producir una arquitectura, hasta ese momento, inesperada. (en Solari, 2019: p. 184)

En 1995, Iglesia adquiere y lee junto a Suárez su primer texto de filosofía: *Rizoma*, de Gilles Deleuze y Félix Guattari. Sobre su ejemplar, marca un párrafo que devela cuál será su actitud como lector y el valor que otorgará a la exterioridad de relaciones que implican sus referencias a la literatura y filosofía contemporáneas:

en un libro no hay nada que comprender, tan sólo hay que preguntarse con qué funciona, en conexión con qué hace pasar o no intensidades, en qué multiplicidades introduce y metamorfosea la suya, con qué cuerpos sin órganos hace converger el suyo. Un libro sólo existe gracias al afuera y en el exterior (Deleuze y Guattari, 1977: p. 10).

---

[6] En este sentido, llama la atención un subrayado que Iglesia realiza sobre un párrafo del texto de Meuris (1997), en el que el autor belga propone correlaciones entre la infancia vivida por Magritte y su obra posterior: "Infancia en un medio popular, si se tiene en cuenta el aspecto que tenían en aquellos tiempos las ciudades que fue habitando sucesivamente [...]. Entre 1898 y 1910, todo fue un peregrinar de una ciudad a otra [...]. Un marco de vida poco permeable a una cultura elaborada, y en todo caso, mucho más tradicional que progresista, entroncada en lo convencional y lo conveniente. [...] Nada hay de extraño en el hecho de que un artista proceda de un medio indiferente del arte. [...] Tales hechos no deben dejarse al margen si se quiere intentar explicar las condiciones psicológicas que han condicionado las reacciones profundas del pintor cuando empezó a reflexionar sobre 'lo que se debe pintar'" (1997: pp. 10-13). Más adelante Iglesia resalta otro párrafo, también sugerente respecto de la figura paterna: "Sustituir lo trágico con la alegría no era suficiente para desplazar la evidencia, en aquel tiempo. [...] No se trataba de negar la realidad, sino más bien de corromperle el sentido y exorcizarla de alguna manera, yendo contra corriente" (1997: p. 64).

[7] Su evidente incomodidad con la estructura familiar convencional aparece comentada en otro fragmento destacado en el libro de Fernando Pessoa (1998), donde Iglesia subraya: "¿Me querían casado, fútil, cotidiano y tributable? ¿Me querían lo contrario de esto, lo contrario de cualquier cosa? Si fuera otra persona, les haría, a todos, la voluntad" (1998: p. 107).

Tres años más tarde, en marzo de 1998, Iglesia suma a su biblioteca un ejemplar de *René Magritte*, libro en el que Meuris (1997) trata acerca de la vida y obra del pintor belga. Realiza marcas y destaca párrafos que amparan la posibilidad de ser interpretados como espejos en los que el arquitecto no sólo pareciera ver representados episodios de su biografía, sino que, además, le devuelven imágenes con las que apuntala el proyecto de su programa creativo. En tal sentido resultan valiosos dos subrayados:

> ¿Cómo se llega, en el caso de René Magritte, a ser un pintor así, tan particular, tan fuera de las normas aceptadas por el sentido común y por las largas tradiciones relativas a la naturaleza del arte, al menos hasta comienzos del siglo veinte? (1997: p. 7) (Fig. 7).

> Fueron las caricaturas de la época anterior a 1914, que le había enseñado su amigo Paul Colinet, las que sirvieron de detonador a la imaginación del artista (1997: p. 181).

De esta forma, se ponen en evidencia dos núcleos claves: la voluntad de Iglesia de distanciarse de los cánones y las tradiciones y su negación a tomar obras de arquitectura más o menos consagradas como fuentes de inspiración. Por el contrario, sus fuentes serán exógenas y de ellas dependerá, en gran medida, su originalidad. Me refiero a sus exploraciones estructurales con materiales diversos —una suerte de laboratorio extraño a la escala y propósito concernientes a la construcción de edificios—, que de manera simplificada se ha dado en denominar "juegos con maderitas", y los libros que, a través de una lectura desprejuiciada, estimularán su imaginación. De ambas me ocuparé extensamente más adelante. Desde entonces y de manera concurrente, los escritos de Roland Barthes (1991), Walter Benjamin (1982, 2008), Bertolt Brecht (1963, 1965), Jorge Luis Borges (1975), Gilles Deleuze y Félix Guattari (1977, 1993, 1998), Michel Foucault (1986, 2002), Eduardo Grüner (1996), Franz Kafka (1984), Ezequiel Martínez Estrada (1993), José Ricardo Morales (1992, 1999) y Josep Quetglas (1991, 2002), entre otros, comienzan a ser las fuentes de su programa creativo y el material para sus obras.

Por ejemplo, de Morales le interesan especialmente sus preguntas acerca del hombre como ser arquitectónico, sus recorridos etimológicos y la definición acerca de afirmaciones tales como la que sostiene que "el ser y el haber de la arquitectura no se encuentran en abstracciones —espacio, medida, función—, sino que radican en un hacer" (1992: p. 93), que "a diferencia de otros, adquiere explícitamente el pleno y fuerte sentido de 'obra' en el edificio" (1992: p. 95). La piedra que Iglesia incorpora en la fachada del Centro Integral Cardiovascular (1997), no es un objeto sino una cosa que cae de su lectura del *dossier* de la revista *Anthropos* dedicado a la obra del escritor español, donde marca el siguiente párrafo:

> El campo de los objetos tiene menor extensión que el de las cosas [...] los objetos, a diferencia de las cosas, pertenecen al mundo de lo hecho por el hombre, según la capacidad que posee de "objetar" sus propias insuficiencias y las trabas que le pone su contorno (1992: p. 97).

Esta preocupación por la cosa, por la entidad material inconmovible de los elementos que se entretejen en la construcción del edificio, también aparece en una apreciación de la obra de Magritte:

> [...] todo es objeto, todo es "cosa", independientemente del género al que pertenezca; los objetos tienen que ser pintados solamente con sus detalles aparentes; combinando los objetos entre ellos según similitudes insólitas se logra una imagen sorprendente (Meuris, 1997: p. 167).

Iglesia, no entiende el edificio como objeto, sino como una síntesis heteróclita de cosas que sostienen su identidad perturbando, solas o en conflagración, el conjunto. En la memoria de la obra escribe que:

> La piedra está allí, conviviendo con esa línea imaginaria que une las cosas con el suelo, quitándole razones de peso, atestiguando la gravedad de la situación. La piedra, a pesar de ser una objeción en el camino entre el racionalismo y sus fundamentos, no pertenece al mundo de los objetos, está del lado de las cosas. Los objetos son construcciones del hombre, tienen proyecto. La piedra no tiene proyecto, en todo caso, es un proyecto lapidario. Atemporal, asemántica, asignificante, inútil, anarquitectónica. Es la materia, el principio, el fin (2006c: p. 34).

En este párrafo queda enunciada su oposición a los preceptos de la arquitectura moderna, el proyecto en tanto reducción de la forma al lenguaje, tal como lo destaca en su lectura de Eduardo Subirats, en un pasaje en el que el autor español advierte un movimiento del arte moderno hacia el formalismo:

> el segundo momento que define la transformación estética protagonizada por el arte moderno se adentra en el fondo de la racionalización formal que la civilización técnico-científica ha impuesto sobre todas las manifestaciones de la existencia humana. El arte protagonizador de los valores dominantes —no Beckmann, sino Mondrian; no Gaudí, sino Mies van der Rohe; no Van de Velde, sino Loos— ha asumido, a la vez, una vocación lingüística y racionalizadora. Se trata de una doble pauta: la de concebir el arte como creación lingüística, y por

tanto sujeta a una sintaxis, y la de subordinar esta misma sintaxis a un código cientificista: una definición matemática de la composición y sus proporciones, una forma geométrica, y una teoría fiscalista del color basada en la naturaleza estrictamente objetiva de los colores puros. La reducción lingüística de la forma artística ha tendido a eliminar sus componentes expresivos. [...] Se trata de un nominalismo estético tempranamente formulado por Apollinaire, Severini o Le Corbusier, y entre tanto encerrado en el círculo teórico del formalismo estructuralista. Y se trata, en fin, de un formalismo que ha desposeído la forma artística, desde Mondrian al *minimal art* o el racionalismo hermético de Rossi, de sus componentes reflexivos (1991: p. 217).

La escritura de las memorias es una segunda operación: la de dar sentido a gestos que tal vez fueron espontáneos, irreflexivos, oscuras ocurrencias a las que luego vuelve, envuelto en palabras y lecturas, a concebir una vez más, ahora desde una conciencia plena de sentido poético. Esta distancia entre el obrar y el reflexionar ex post sobre sus elecciones no debe ser pasada por alto y es la mayor dificultad que atravesó mi investigación: cómo entender y articular estos dos momentos.

Iglesia concibe una obra —en cierto sentido, arcaica (Liernur, 2006b)— con la que invierte los preconceptos del programa —de la vivienda, del parque de diversiones, del baño, del edificio de departamentos—, e incorpora la fuerza de la gravedad como problema y solución de la forma arquitectónica. No obstante, Liernur advierte que esta obra "no es únicamente el resultado de sus propios méritos, sino que constituye un emergente en el que maduran al menos dos 'series' culturales argentinas" (2006b: p. 4). La primera, específicamente arquitectónica, corresponde a la línea histórica constituida por la tradición en el empleo del hormigón armado, con hitos de enorme creatividad técnica y plástica como el edificio Kavanagh (Sánchez, Lagos y De la Torre, 1934-1936), el Banco de Londres y América del Sur (Testa y SEPRA, 1960-1966) y el Museo Xul Solar (Beitía, 1987). Y rompiendo con la hegemonía otorgada por la historiografía a la ciudad de Buenos Aires, asocia la segunda serie a un despliegue espacial antes que temporal, relacionado con la profusa y autónoma producción artística y el clima de debate cultural que por décadas caracteriza a Rosario, marco en el que destaca la participación de Iglesia en las actividades organizadas por el Grupo R.

En adelante, reafirmando el sentido de la poética como "la acción que hace" (Valéry, 1990), intentaré iluminar el programa del artista desde dos momentos: el de la acción que produce una cosa y el de volver sobre la cosa para preguntarse cómo fue hecha.

Poética, la acción que hace

El programa del artista

Como recuerda Elena Oliveras, en sentido aristotélico el término *poética* designa la reflexión que el artista hace del programa que completa en su obra, reflexión que se centra en su propio hacer artístico o, como recupera de Umberto Eco, en la consideración del "programa operativo que una y otra vez se propone el artista, el proyecto de la obra a realizar como lo entiende explícita o implícitamente el artista" (2004: p. 33).

Algunas marcas que Iglesia deja sobre sus libros permiten inferir de qué modo entiende la poética como un programa de largo alcance, tal como lo subraya en Borges:

> En el orden de la literatura, como de los otros, no hay acto que no sea coronación de una infinita serie de causas y manantial de una infinita serie de efectos (1975: p. 477).

Por otra parte, destaca una cita en su ejemplar de Quetglas donde Adolf Loos —en *Das prinzip der Bekleidung*— dice:

> El arquitecto, primero, siente el efecto que piensa producir, luego ve los espacios que desea crear (2002: p. 59).

Por intermedio de Borges y Loos, Iglesia parece interesarse en la noción de composición de Edgar Allan Poe quien, en su ensayo "Filosofía de la composición", llama composición a la reunión de partes en un cierto orden y destaca que el prefijo *ar* del término arte en sánscrito significa *juntar, acomodar*. Ello implica el trazado de un plan explícito, consciente, que "debe ser desarrollado hasta su desenlace antes de comenzar a escribir en detalle" (1973: p. 75). En defensa de la creatividad racionalista, Poe ahonda en su tesis explicando que sólo teniendo presente dicho desenlace se le puede atribuir al plan una "atmósfera de consecuencia, de causalidad", siendo la primera de las consideraciones que debe hacer un autor la del efecto que quiere provocar y, en razón de él, buscar las combinaciones adecuadas para lograrlo, cuidando que ningún punto de su trabajo quede librado a la casualidad o a la intuición (1973: p. 75). El ensayo constituye un ejemplo acabado de su enfoque al revelar el *modus operandi* con que concibió una de sus obras más difundidas: *El cuervo*.

Las definiciones de Arte, Esthésique y Poïetique

Con una manifiesta influencia de la noción de composición de Poe, Valéry formula su teoría sobre la creatividad como construcción racional, opuesta a la vetusta idea de la productividad inconsciente del genio inspirado y del aura como milagro, vigentes desde el siglo XVIII, y considera al artista un hombre común que se diferencia por su modo de ver: el artista ve y construye estratégicamente relaciones entre aquello que otros no ven. Asimismo, en "Noción general del Arte", recupera el sentido del arte como manera de hacer. Lo define como "la calidad de la manera de hacer —cualquiera sea el objeto— que supone la diversidad de maneras de operar y, por lo tanto, de resultados" (1990: p. 192). En esa línea distingue entre las "obras del arte" —que responden a la solvencia del ejecutante y a la aplicación del saber transmisible de las "reglas del arte"— y las "obras de arte" que fecundan en aptitudes intransmisibles. Para las obras de arte, Valéry enuncia dos condiciones: su inutilidad —en tanto su percepción no tiene "relevancia alguna para los mecanismos esenciales para la conservación de la vida"— y su arbitrariedad —que encarna la fuerza "para modelar una materia cualquiera con independencia de toda intención práctica"— (1990: pp. 193-194). Entre la inutilidad y la arbitrariedad de la obra de arte existiría un cúmulo de relaciones y asociaciones que afectan a la sensibilidad —que agrupa las facultades receptivas, transitivas y productivas—, y al intelecto y sus vías abstractas[8]. Valéry se preocupa especialmente por la comprensión del "hacer que crea" propio de la segunda categoría —las obras de arte— y su estudio disociado tanto de la obra como objeto, como de la experiencia del receptor, aclarando que para el artista la obra es la finalidad de su acción y para el receptor, el origen de sus sensaciones. Su posición respecto de la Estética como disciplina filosófica cimenta este interés. En el "Discurso sobre la estética" que pronuncia en el 2º *Congreso Internacional de Estética y ciencia del Arte* (París, 1937), la presenta como normativa que regla, sistematiza y codifica el Arte, lo bello y las sensaciones —los sentimientos de placer y displacer que considera indefinibles, inconmensurables e incomparables—. Sostiene que el dogma de la Estética, bajo lo Bello Ideal —desde Platón—, reserva para el placer "un lugar categórico, un sentido universal, una función inteligible [...] no pudiendo separar en ese nuevo objeto de su mirada, la necesidad de lo arbitrario, la contemplación de la acción" (1990: p. 50).

Valéry, oponiéndose a la universalidad implícita en la noción de juicio de Immanuel Kant, afirma que no hay acción ni producción, pero tampoco sensación, que no sea particular. Propone, en contraposición a la Ciencia de lo Bello —Estética—, la creación de dos disciplinas: la llamada *Esthésique,* ciencia de las sensaciones que acoge cierta imprevisibilidad respecto de la afectación del consumidor, haciendo lugar a lo relativo antes que a lo absoluto; y la Poética —*Poïetique*—, concerniente al hacer, cuyos objetos de estudio son la invención, la composición, el rol del azar, la reflexión, la cultura y el medio en la producción del arte.

Para completar estas proposiciones, en su "Primera lección del curso de poética", define los tres términos involucrados en su

---

[8] Las vías abstractas que identifica Valéry son "la lógica, los métodos, las clasificaciones, el análisis de los hechos y la crítica, opuestos a veces a la sensibilidad porque persiguen, al contrario de ésta, un límite, una finalidad determinada —fórmula, definición, ley— que tienden a agotar o reemplazar por signos convencionales toda la experiencia sensible" (1990: pp. 199-200).

concepción: productor, obra y consumidor, y reconoce la existencia de relaciones entre el productor y la obra y entre ésta y el consumidor. La obra es el fruto y la reunión de una serie de ensayos, reflexiones, eliminaciones y selecciones desplegados por el productor durante su producción y que tienen lugar necesariamente en el tiempo. Por el contrario, frente a la obra acabada, el "efecto" sucederá en un instante, será una acción desmesurada: el consumidor experimentará un "choque" en el que ignorará toda acción del productor. "La acción del primero y la reacción del segundo no pueden confundirse nunca. Las ideas que uno y otro hacen de la obra son incompatibles", dice (1990: p. 113).

Valéry: La noción de Poética como la acción que hace

Es en el discurso inaugural del curso de Poética en el *Collège* de France —10 de diciembre de 1937—, donde Valéry hace su gran aporte a la teoría del arte: la restitución de la relevancia y el sentido de la poética como producción, como "la acción que hace". El hacer, el poien, que repone Valéry es el de las obras del espíritu, aquellas "que el espíritu requiere para su propio uso, empleando para tal fin todos los medios físicos que pueden servirle" (1990: p. 108). Dichas obras tienen la capacidad de "inducirnos a meditar sobre su generación constituyéndola en problema", a un punto tal que "esta curiosidad nos inspire un interés tan vivo y que demos una importancia tan eminente a seguirla, que nos veamos arrastrados a considerar con mayor complacencia, e incluso con mayor pasión, la acción que hace que la cosa hecha" (1990: p. 109). Así, coloca en el centro de la escena al programa del artista y desplaza el interés en las "sensaciones", en la recepción de la obra que había estado presente en las teorías artísticas del siglo y medio anterior.

En la "Primera lección del curso de poética", Valéry tilda de ingenua a la concepción del efecto de una obra como la simple conclusión de la secuencia lógica del programa consciente del autor, en tanto el arte, a diferencia de la ciencia, sólo puede esperar resultados de probabilidad desconocida. Plantea que, si bien recurre a leyes y modos de acción, la naturaleza de la producción artística evidencia dos clases de componentes: los inconscientes, cuya generación no se concibe y no pueden expresarse en "actos", y los conscientes, que han sido pensados y pueden modificar a los primeros. Ninguno de ellos, sin embargo, establece una relación de causalidad con la recepción de su producto.

La manera en que Iglesia hace arquitectura expone una tensión entre "las obras del espíritu" según Valéry y el "programa" según Borges, Loos y Poe. Así como los dos escritores, al expresar la necesidad de un programa que guíe su acción de "componer" un texto, Loos entiende el programa de un arquitecto como la claridad acerca del efecto que quiere producir, claridad necesaria antes de abocarse al cómo lograr ese efecto. Pero la obra no es para Iglesia la simple conclusión de una secuencia lógica del programa consciente del autor. Iglesia produce obras y produce textos como parte de esas obras. La importancia que otorga a la escritura de las memorias como sus "maneras de entenderse" me permite considerar que el enfoque que ilumina su comprensión del hacer es el que revelan los subrayados que realiza sobre el libro de Meuris acerca de lo preconciente y lo evidente en el caso de Magritte, quien:

> movilizando el subconsciente por la tendencia del preconsciente, y éste a su vez por la tendencia de lo evidente, confirmó así que la realidad va más allá de la ficción, y que lo consciente domina sobre lo inconsciente (1997: 45).
>
> en efecto, en vez de una actitud que apela siempre al inconsciente, propia de la teoría de Breton, [en Magritte] aparece la invención de la imagen eficaz. Esa

imagen está ligada a una búsqueda larga y minuciosa, a una crítica incansable, a un análisis meditado de sus posibilidades profundas. [...] Rechazo, por lo tanto, de una "pureza sospechosa" como la que promovía, según Mariën, la admiración por las producciones pueriles, alocadas, primitivas y autodidactas (Meuris 1997: 68).

Las memorias de sus obras le permiten a Iglesia obtener una imagen eficaz que proviene de lo subconciente y que puede, por eso mismo, volverse evidente. Hasta allí la relación con Magritte vía Meuris. Sin embargo, es en la definición de poética de Valéry donde hallo la sistematización de esa búsqueda incansable desde una noción que incluye lo imprevisto y lo arbitrario en el "drama de la creación" y lo traduce en una "teoría de la acción poética" o "acción que hace", que integra tanto la casualidad como cierta necesidad oscura del autor. Sin negar el valor de los actos conscientes en la poética como producción, en el "método del artista están presentes los tanteos, las improvisaciones y el azar, es decir: un conjunto de reacciones imprevisibles que Valéry denomina el "drama interior". Cualesquiera sean los pormenores de este drama, todo concluye en una obra visible, en un objeto acabado, fruto de modificaciones interiores desordenadas, contradictorias, dispersas, acertadas o no. La contradicción, el error son la regla y concurren en la producción de la obra del mismo modo que la aplicación de ciertos criterios de orden y concentración, más o menos estructurados por la tradición.

Segunda parte:
lecturas, juegos con maderitas, memorias

Prolegómeno

Rigotti explica que el modo en que Iglesia hace arquitectura es "in-disciplinado, ex-céntrico, salvaje" e interpreta que su voluntad es impulsada por la "pura curiosidad, puro gasto, dando rienda suelta a la pulsión por el descubrimiento [...] a la voluntad infantil de desmantelar, de avanzar jugando a ponerse en el punto cero de la creación", desconociendo "los recortes y modelos de la disciplina" y despreciando "los cánones del sacerdocio académico". Para la autora, en su hacer Iglesia insiste en la indagación de algunas ideas que ensaya "para diferentes espacios y escalas, sin metas claras, sin aspiraciones más allá de la invención, siguiendo el derrotero y ritmo de las contingencias, de los encargos 'que aparecen'", dando como resultado

> objetos que se afirman en su autonomía y materia y remiten a experiencias lúdicas, infantiles, a las sencillas lógicas de sostén y equilibrio de los bloques de madera, los rompecabezas, los palitos chinos, los naipes [...] siempre desafiando los códigos de empleo y reconsiderando los elementos como piezas intercambiables para armar. [...] Su lógica era el análisis de las fuerzas y los comportamientos de los materiales y piezas de "mala reputación", que son lo que son, pero pueden servir para "armar" construcciones de manera impensada: las varillas de los alambrados, la quincha, los durmientes de quebracho, los ladrillos huecos, las vigas reticuladas de galpón (2015: pp. 131-132).

En un sentido similar, Liernur destaca el modo en que Iglesia trabaja en su estudio-taller (Fig. 8), a la manera de la *bottega*, "con su maestro y aprendices, con su amalgama de trabajo manual e intelectual [...] con su desconfianza en las operaciones abstractas

de la representación y su devoción por el material" (2006b: p. 6) y
Rigotti además devela algunos de los elementos que le sirven de
disparadores del acto creativo: "una palabra, un verso, un cuadro,
un porta botellas, unos ladrillos arrumbados, un rancho enga-
lanado con globos de cumpleaños", pero, "por sobre todo, esos
experimentos con materiales plebeyos, más allá de la hegemónica
trampa de la 'economía para el producto' de los países centrales"
(2015: p. 131). Esta centralidad otorgada al acto creativo, en el
taller, sin presupuestos aparentes, es lo que, para Jeannet Plaut
—junto a Cecilia Puga, Alberto Sato y colaboradores, artífices del
volumen monográfico dedicado a Iglesia por *Constructo*, en 2011—
"ha aportado a la discusión arquitectónica latinoamericana desde
ángulos reflexivos fuertemente inspirados desde otros campos,
como la literatura" (2011: p. 6).

Suárez confirma en gran medida estas conjeturas y procura darle
al accionar de Iglesia una dimensión programática, conceptual
—que es la que de alguna manera retomo—, que se desplaza de
lo general a lo particular, a la que no llegaría solo desde el juego
o experimentación del niño, sino gracias a sus incursiones en la
lectura de obras de filosofía y literatura. Según Suárez,

en él, el resultado era una obra construida que impactaba, es cierto, pero por su carga conceptual, no porque fuese experimental. Yo no lo llamaría a él "experimentador" ni a su obra "experimental". Sí creo que se paraba y observaba el problema desde otro lugar, que trabajaba con otras herramientas y obtenía otros resultados. (en Solari, 2019: p. 188).

Efectivamente, la construcción de su poética se sostiene en palabras y en cosas. Las palabras provienen de sus lecturas, atraviesan su programa creativo y le sirven luego para interpretar lo producido al escribir las memorias. María Isabel Bautista[9], su colaboradora desde 1999, señala que, para Iglesia, "la arquitectura es un tamiz por el que hace pasar sus lecturas" y que en ese contexto "encuentra que las palabras son corpóreas" y las emplea "como si fueran esculturas en relieve" (2016). Las cosas son los materiales sobrantes que Gustavo Farías[10] colecta en los sitios de construcción y lleva al estudio: tirantes de madera, ladrillos, trozos de caños, chapas, que manipulan para componer formas estructurales. En una conferencia dictada en el marco de la muestra internacional "Rafael Iglesia. Fuerzas en Juego", Bautista (2016) expone lo sugerentes que son para Iglesia las lecturas donde las verdades establecidas son puestas en discusión y la importancia del trabajo con la etimología que encuentra en Morales (1992). Esta idea es reafirmada por Rigotti al formular que "la cuestión estaba en la

---

[9] María Isabel Bautista es Licenciada en Letras. Trabaja junto a Rafael Iglesia en dos períodos: entre 1999 y 2005, y desde 2010 hasta su fallecimiento (2015). Acerca de su labor junto a Iglesia, Suárez recuerda que, hasta conocer a Bautista, Iglesia "elegía los libros impulsado por su curiosidad. […] Algunas veces, si en alguna charla un orador o un amigo, por ejemplo, mencionaban un tema de su interés tratado en algún libro, él lo buscaba y lo compraba. Pero iba a buscar sólo eso, nunca a leer el trabajo completo. La selección de lecturas fue relativamente arbitraria hasta la aparición en escena de Marisa [María Isabel Bautista]. En adelante, ella le traía los textos, era quien le recomendaba qué leer" (en Solari, 2019: p. 187).

[10] Gustavo Farías, más conocido en el círculo íntimo de Rafael Iglesia como "Laucha" —apodo que se gana por su hábito de recoger los materiales de desperdicio de los obradores— trabaja con Rafael Iglesia desde 1998 hasta su fallecimiento (2015).

inversión y en el desvío, en la falta de preocupación por lo adecuado o inadecuado, lo perfecto y lo imperfecto" (2015: p. 131). Asimismo, explica Bautista que las ideas que elabora Borges en "Funes el memorioso" o "El Aleph" son tratadas por Iglesia como un material: "El veía algo que no existía a través de las palabras. Para él eran concretas. Las miraba de un lado y del otro, las daba vuelta" (2016). Recuerda además que

> en su mesa de trabajo siempre había maderitas, como las que usan los más chiquitos cuando juegan a construir torres. Le gustaba apilar esos bloquecitos, ensayar distintas formas de encastre, sentir en las manos la textura de la madera, descubrir zonas de luz y de sombras, plenos y vacíos. Siempre estaba atento y a la espera de hacer un hallazgo que lo sorprendiera. El inicio de la mayoría de sus proyectos estaba en esos momentos de juego desprejuiciado y libre con las maderitas [...].

> Junto a los bloques había libros. Las palabras eran para él otras maderitas. Rafa jugaba con ellas y a sus ojos cobraban espesor y peso. Cuando leía, algunas se recortaban sobre el telón de fondo del sentido y eran cuevas o cámaras que guardaban tesoros impensados. Las más pródigas eran las que encontraba leyendo ficciones y ensayos (2015: p. 111).

Estas observaciones de Bautista coinciden con las operaciones recuperadas mediante el análisis de la colección de libros intervenidos, de las memorias publicadas, del registro de las actividades de su taller, de las obras mismas.

Martin Heidegger afirmaba que "la interpretación sobre el ser de la cosa nos viene desde el lenguaje [...]. Entre todas las interpretaciones que podemos, nosotros los humanos, traer desde y con nosotros para hablar, es el lenguaje y por doquier la primera" (1997: p. 15). Para Quetglas, "la reflexión sobre la cosa es parte de la misma cosa y debe ser, a su vez, objeto de reflexión" (2002: p. 98). En este contexto, no sólo las lecturas de Iglesia son parte constitutiva del proceso poético, del drama creativo; también la escritura de las memorias adquiere una doble finalidad: la interpretación de lo actuado y, en función de lo primero, la construcción de un discurso que ha pasado a ser parte indisoluble de su obra, borrando posibles secuencias y relaciones de tenue causalidad o donde la causalidad está puesta en entredicho.

Es sugerente, en el sentido expuesto, el subrayado que realiza Iglesia en un texto de Quetglas, remarcando un párrafo con el que trabaja en reiteradas oportunidades:

> Contra la común creencia de ser Dédalo el primer arquitecto, y para devolver a Ariadna este atributo que bien le corresponde: donde se argumenta que la arquitectura no aparece al construir un edificio ni al trazarlo sobre el papel, sino al interpretarlo y que, al interpretarlo, desaparece en ese mismo momento como arquitectura, porque quedan desvelados sus mecanismos de persuasión (2002: p. 98).

No es este el único espejo en el que Iglesia "reconoce" su drama interno. Encuentra otra versión en palabras de Manfredo Tafuri —a quien lee por intermedio de Quetglas (2002: p. 12)— y elabora una escritura que incorpora la duda, que juega con el lenguaje del mismo modo que con las maderitas, que no se refugia en indiscutibles "pruebas filológicas" y que reconoce su propia arbitrariedad.

Iglesia compone una poética en la que confluyen la paradoja, la duda, el azar y la premeditación. Como parte de dicha poética, la escritura de las memorias de las obras encarna la instancia de justificación de lo actuado y de interpretación de las relaciones entre sus actos conscientes e inconscientes. Es sugestivo, en este marco, el subrayado que realiza en Grüner: "Un prefacio a una recopilación de ensayos tiene, inevitablemente, un tufillo a coartada o a justificación retroactiva" (1996: p. 7). Según apunta Bautista "escribir las memorias para él eran maneras de entenderse. [Con las memorias] pasaba a limpio la serie de decisiones y operaciones que había llevado a cabo y que lo habían empujado a él a hacer las obras de una determinada manera y no de otra. [...] Borges lo dice con una frase perfecta en su sencillez: 'esta manera de pensar que se llama escribir'" (en Solari, 2019: pp. 148-149). Para Iglesia la escritura es sobre todo la invitación a una nueva acción, la reafirmación de una manera particular de hacer arquitectura.

La puesta en relación de las lecturas, obra arquitectónica y memorias, aparece en "El paraguas" (2008a) —la memoria del Centro Cardiovascular (1997)—, donde Iglesia incorpora una cita de El caos en poesía, de David H. Lawrence, que extrae de ¿Qué es la filosofía?, de Deleuze y Guattari:

> Los hombres, incesantemente, se fabrican un paraguas que los resguarda, en cuya parte interior trazan un firmamento y escriben sus convenciones, sus opiniones; pero el poeta, el artista, practica un corte en el paraguas, rasga el propio firmamento, para dar respuesta a un poco de caos libre y ventoso y para enmarcar en una luz repentina una visión que surge a través de la rasgadura, primavera de Wordsworth o manzana de Cézanne, silueta de Macbeth o de Acab. Entonces aparece la multitud de imitadores que restaura el paraguas con un paño que vagamente se parece a la visión, y la multitud de glosadores, que remiendan la hendidura con opiniones: comunicación. (1993: pp. 204-205)

A continuación, Iglesia rechaza la imitación y el remiendo. Defiende la acción del artista como una rasgadura en aquello que había sido pensado como resguardo:

> ¿Cómo no ser un restaurador de paraguas? ¿Cómo intervenir sin mimetizarse con su lenguaje, hoy que se ha roto la unidad de discurso narrativo como un todo cerrado, que pueda ser contada de mil maneras, donde pierda tanto sentido el significado, la interpretación? Que no establezca ninguna verdad o falsedad. Que deseche lo hecho anteriormente, que se maneje con la parte, la reversión, la mentira. Una obra de equívocos y respuestas parciales. Una arquitectura que esté dispuesta a despojarse de sus certezas, que se mida con lo que no sabe, que se aventure a seguir pistas más difusas, incluso pistas falsas: que corra riesgos, que se anime a caminar fuera de su red conceptual (2008a: p. 32).

El ensayo

El nuevo mundo, recién descubierto, no estaba loca-
lizado aún en el planeta, ni tenía forma ninguna. Era
una caprichosa extensión de tierra poblada de imágenes. Había nacido de un error.[11]

Ezequiel Martínez Estrada (1993: p. 5)

En un escrito que titula "Ex-perimento" (2008b), Iglesia hace
explícita su voluntad de trasladar conceptos de la literatura a
la arquitectura. "Ex-perimento" toma argumentos de "La supersticiosa ética del lector" de Borges (1975: pp. 34-37) para
quitarle peso al estilo —como una determinada forma de hacer— y dárselo a la eficacia del mecanismo. Según recuerda
Bautista, Iglesia le propuso alguna vez reemplazar en el escrito
de Borges el término Literatura por el de Arquitectura, para poder leer que:

La preferida equivocación de la arquitectura de hoy es
el énfasis. Palabras definitivas, palabras que postu-
lan sabidurías adivinas o angélicas o resoluciones de
una más que humana firmeza —*único, nunca, siempre,
todo, perfección, acabado*—... (en Solari, 2019: p. 150).

El cuestionamiento borgeano de las certezas impulsa a Iglesia a la interpelación del conocimiento instituido. Esto se hace
evidente, de un mismo modo, en la marca que realiza en su
ejemplar de *Radiografía de la pampa*, en el que Martínez Estrada
explica que "hemos rehuido siempre el planteo nítido de los
problemas, porque teníamos a mano un repertorio de soluciones hechas y los problemas parecían de una desagradable
sencillez" (1993: p. 232).

---

[11] El párrafo es marcado por Iglesia en su ejemplar del libro de Martínez Estrada (1993).

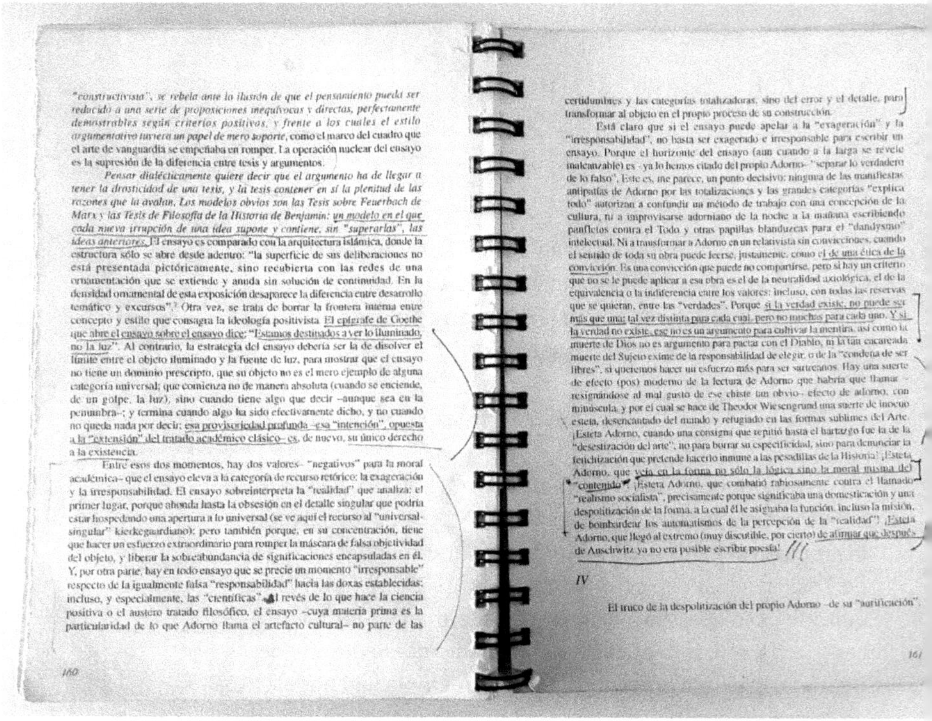

FIGURA 09 /

Ejemplar de Grüner (1996) marcado por Iglesia. Fotografía: elaboración propia.

De manera consecuente, en el programa del curso "Cuando el problema es la solución"[12] —cuya fuente principal es el cuento de Brecht "El problema" (1965: pp. 220-221)—, que da lugar al texto homónimo, Iglesia asegura que "nuestra época exige que aprendamos a hacer las preguntas y no que recurramos mecánicamente a respuestas conocidas" (2011h).

Como subraya en el libro de Eduardo Grüner (Fig. 9):

> La estrategia del ensayo debería ser la de disolver el límite entre el objeto iluminado y la luz, para mostrar que el ensayo no tiene un dominio prescripto, que su objeto no es el mero ejemplo de alguna categoría universal; que comienza no de manera absoluta —cuando se enciende,

---

[12] Este curso tuvo su primera formulación en el *Taller del Cobre* organizado por la Pontificia Universidad Católica de Chile, en el marco del Magíster de Arquitectura, en el año 2000. La experiencia se repitió con cambios y nuevos contenidos en la Universidad Torcuato Di Tella y en la Facultad de Arquitectura de la Universidad Nacional del Litoral, durante el año 2003.

de un golpe, la luz—, sino cuando tiene algo que decir —aunque sea en la penumbra—; y termina cuando algo ha sido efectivamente dicho, y no cuando no queda nada por decir: esa provisoriedad profunda —esa "intención", opuesta a la "extensión" del tratado académico clásico— es, de nuevo, su único derecho a la existencia. Entre esos dos momentos, hay dos valores —"negativos" para la moral académica— que el ensayo eleva a la categoría de recurso retórico: la exageración y la "irresponsabilidad". El ensayo sobreinterpreta la "realidad" que analiza: [...] tiene que hacer el esfuerzo de romper la máscara de falsa objetividad del objeto y liberar la sobreabundancia de significaciones encapsuladas en él. Y, por otra parte, hay en todo ensayo que se precie un momento "irresponsable" respecto de la igualmente falsa "responsabilidad" hacia las doxas establecidas: incluso, y especialmente, las "científicas". Al revés de lo que hace la ciencia positiva o el austero tratado filosófico, el ensayo [...] no parte de las certidumbres y las categorías totalizadoras, sino del error y el detalle, para transformar al objeto en el propio proceso de su construcción" (1996: pp. 160-161).

Respecto del saber, la estimación de Iglesia está atenta a su carácter provisorio. En consecuencia, señala que "de lo que se trata es de recorrer otros caminos, más largos, más incómodos, incluso algunos sin salida, lo cual implica volver, mirando las cosas desde otro lado, desde su contra-cara", porque "estamos acostumbrados a que el saber ilumina los objetos y esa es la verdad. Pero la luz, inevitablemente deja un cono de sombra, en ese cono de sombra podemos encontrar cosas que el conocimiento no nos ha revelado" (2008b: p. 33). De este modo, hace propias la oposición de Borges a la certeza de que la corrección urde un pensamiento invulnerable y la idea de que "la vanidad del estilo se ahueca en otra más patética vanidad, la de la perfección" (1975: p. 35). En "La supersticiosa ética del lector", el escritor argentino afirma que la página en la que ninguna palabra puede ser alterada es la más débil de todas. Por el contrario, "la página que tiene vocación de inmortalidad puede atravesar el fuego de las erratas, de las versiones aproximativas, de las distraídas lecturas, de las incomprensiones, sin dejar el alma en la prueba" (1975: p. 36).

En esta tesis borgeana, Iglesia encuentra la justificación, si se quiere, de su manera de obrar al hacer arquitectura, manera que se traduce en sus "ensayos" escriturales y estructurales. Me refiero tanto a la escritura de las memorias como a los "juegos con maderitas", donde se permite el fracaso como posibilidad, tomar riesgos, trabajar a prueba y error. Es una modalidad que ratifica con las palabras de Grüner, para quien "el ensayo es un género cuya culpabilidad no puede ofrecer garantías, sino apenas el módico coraje de arriesgarse al indefectible error" (1996: p. 8). Como lo explica Liernur, lo relevante en Iglesia no son las preguntas que hace, "sino el hecho de que no paraba de preguntarse. Después, esas preguntas podían ser ésta o aquella, podía encontrar respuestas o no, podía intentar, tantear, pifiar, acertar" (2016).

En dicho contexto, nuestro arquitecto propone para sí la figura del que nada sabe y todo imagina, que toma de Fernando Pessoa (1998: p. 91). En consecuencia y ya en el terreno de la disciplina, elige el peligro (Diez, 2003a) y reclama "hablar del verbo y no del sustantivo: no decir *puerta* sino *entrar, salir, cerrar, abrir, pasar...* para despojarnos del objeto preconcebido" (2008b: p. 33). Este reclamo tiene como fuente sus lecturas de Morales (1992). Para el escritor español, la puerta simboliza la posibilidad de comunicación entre "dentro" y "fuera", un abrir o cerrar que convierte al ámbito en extendido o concluso. La puerta, asociada —entre otros, por Heidegger (1997)— a la noción de límite o frontera, testimonia la interioridad y la exterioridad concernientes al espacio arquitectó-

FIGURA 10 /

Parque Hipólito Yrigoyen. Pisos de ladrillos cerámicos. Fuente: archivo personal Gustavo Farías

nico. "La significación de entrada, que atribuimos a la puerta, corresponde a un verbo —entrar—", concluye Morales (1992: p. 105). Estas reflexiones, aparecen en el hacer de Iglesia en operaciones con las que, como veremos más adelante, cuestiona los elementos de la Arquitectura, el programa y las formas preconcebidas.

Por ejemplo, en la memoria del Parque Hipólito Yrigoyen (2007) —proyecto que realiza junto a Suárez y Oscar Fuentes—, explica que, con la finalidad de promover lugares de encuentro, incorpora una trama de caminos realizados con ladrillos cerámicos —subvirtiendo la modalidad de uso para dicho material— cortados al medio y colocados de plano (Fig. 10) y sectores de descanso a la sombra. La sombra es producida, creada por pérgolas construidas con vigas metálicas galvanizadas reticuladas, de las que habitualmente se utilizan para la construcción de galpones y tinglados, sobre las que crecen enredaderas de distintas especies. Ladrillos y vigas reticuladas se alejan así de su utilidad natural y se confrontan con destinos y relaciones inusitadas, para romper —como lo dice Meuris, respecto de la obra de Magritte (1997: p. 109)— "con los hábitos que catalogan los objetos en un orden arbitrario, pero conocido por todos".

Acerca de estas operaciones, escribe Iglesia:

> Se trata de poner en valor algunos materiales "plebeyos", de uso cotidiano, y llevarlos a la "nobleza". El ladrillo, por ejemplo —cuya función es anónima y se lo usa para "hacer fuerza"— aquí es suelo y revestimiento; trabajos más superficiales si se quiere [...]. Otro ejemplo de ello son las pérgolas realizadas con estructuras metálicas ordinarias. Estas operaciones son las más importantes en este proyecto, porque colocan elementos que son muy familiares en situaciones o roles inusuales. (2016d: pp. 60-61)

Por otra parte, en la memoria del edificio Altamira (2000), destaca que "el proyecto comienza con el diseño de la estructura como un objeto formado por el estibado de las vigas, a la manera en que se acopia la madera" (2016b: p. 33). Ello es confirmado por Suárez, quien sostiene que, frente al encargo,

> en base a sus ideas previas, abordaba el proyecto con maquetas básicas. Trabajaba rudimentariamente, con calados y plegados, y llegaba a la solución en dos movimientos. Una vez que encontraba una forma que se ajustara a su interés, la adoptaba como definitiva. No había manera de hacerlo cambiar de idea. Nunca quebraba esa ley que se imponía. Un ejemplo claro de esto es Altamira, en donde lo primero que definió fue que la estructura se iba a componer con una viga estibada sobre la otra, de la misma forma en que se acopian las maderas. Con muy pocos ajustes, esa fue, de principio a fin, la estructura del edificio (en Solari, 2019: p. 186).

De esta forma, se devela el rol de sus "juegos con maderitas" como detonante de una forma estructural que surge de repetir la misma distribución de vigas iguales y que se emparenta, en este sentido, a una escalera, objeto lógico por excelencia (Fig. 11). Sin embargo, advierte que "de utilizar esta estrategia hasta el final, el edificio hubiera quedado encerrado en esta trama". En consecuencia, para salvar el inconveniente y resolver el acceso a las unidades, decide desfasar una de las vigas (Fig. 12). Esta operación, que revisa en el mismo texto, produce para Iglesia "un acomodamiento de la estructura" y —parafraseando a Sol Lewit (Iglesia, 2016b: p. 32)— transforma al objeto lógico en un objeto híbrido lógico-racional.

Acerca de este desplazamiento, mediante el que Iglesia esconde parte de la sección del elemento estructural por debajo de la losa, para dar lugar al ingreso, Bautista revela fuentes complementarias: "La carta robada", de Poe —que, según Borges, inaugura el cuento policial— y "La revelación del Conejo de Pascuas o breve teoría de los escondites", de Benjamin. En su ensayo acerca del "arte de esconder", dice Benjamin que "esconder quiere decir: dejar huellas. Pero invisibles. Es el arte de la mano ligera. Rastelli, el malabarista, sabía esconder cosas en el aire. Los escondites más ingeniosos son los más expuestos. Los mejores son aquellos que están a la vista" (2011: p. 125). De manera similar, el señor Dupin —personaje que encarna el rol del detective en el cuento de Poe—, "encuentra la carta allí donde la había dejado su astuto rival, en un tarjetero a la vista de todos". Según Bautista, Iglesia "había quedado muy impresionado por este asunto de esconder las cosas a la vista de todos" (2016).

Pero, fundamentalmente, con ese "movimiento" realizado en este ensayo estructural, da forma plástica a la interpretación que él mismo hace de un fragmento del capítulo "Tratado de nomadología: La máquina de guerra", del libro *Mil Mesetas. Capitalismo y esquizofrenia*, escrito por Deleuze y Guattari en el que llevan al

FIGURA 11 /

Altamira. Exploraciones formales. Fuente: archivo personal Gustavo Farías.

FIGURA 12 /

Altamira. Maqueta, vista parcial.

plano del lenguaje la comparación entre el ajedrez y el Go (1998: pp. 360-361). En dicho texto, los filósofos franceses sostienen que las piezas del ajedrez son, cada una, sujetos del enunciado con un significado relativo combinados en el sujeto de la enunciación: tienen valores y movimientos fijos. En cambio, en el Go, las fichas —en Altamira, las vigas— son iguales entre sí, pero diferentes según su posición. Como elementos no subjetivados, no tienen propiedades intrínsecas sino de situación: cumplen el rol que se les asigne en el espacio.

Dando cuenta del valor que otorga a esta lectura en su programa creativo, dice Iglesia en la memoria de la obra:

> Me serviré de la descripción que Gilles Deleuze hace del Ajedrez y el Go para ilustrar dos maneras de hacer arquitectura. En una arquitectura codificada todos sus elementos funcionan como las piezas de ajedrez: tienen una naturaleza interna o propiedades intrínsecas que les hacen ser tales. Es decir, una ventana es siempre una ventana, una puerta es una puerta, una viga es una viga, y esto se cumple para todos los componentes. Tienen roles y movimientos definidos. Cada uno de ellos es un sujeto de enunciado dotado de un significado relativo; los significados relativos se combinan en un sujeto de enunciación.
>
> En mi edificio busco que suceda lo contrario. Lo que intento poner en juego son sólo las vigas tratadas como simples unidades cuya función es anónima, colectiva y de tercera persona —como las piezas del Go—. Las vigas aquí son elementos no subjetivados que no tienen propiedades intrínsecas sino de situación: pueden ser muro, ventana, puerta. Eventualmente, "actuarán" trabajando como sostén y sus roles dependerán del lugar que ocupen en el espacio. La insistente viga se desplaza

construyendo, destruyendo, bordeando, subiendo, bajando, soportando, deteniéndose, ausentándose y desapareciendo cuando menos se lo espera, sin alterar la unidad (2016b: p. 33).

Si bien he decidido no incluir en este libro el análisis de sus proyectos no construidos, quiero señalar que las propuestas que Iglesia envía a concursos abiertos o por invitación pueden ser contadas entre sus formas más preciadas de ensayo. Las presentaciones que realiza para el "Concurso Nacional de anteproyectos para el completamiento definitivo del Conjunto Cívico - Monumental del Parque Nacional a la Bandera" de Rosario (1995); el "Concurso Internacional Museo Costantini" (1997), en Buenos Aires; el concurso por invitación para la "Ciudad cultural Konex", en Buenos Aires (2003); "Concurso Provincial de Anteproyectos Parque Público Banco Nación", en Buenos Aires (2007); "Concurso Internacional Nueva Sede de la Corporación Andina de Fomento", en Caracas (2008); el "Concurso Internacional Banco de la República Oriental del Uruguay", en Montevideo (2009); el "Concurso Nacional de Anteproyectos Museo Provincial de Arte contemporáneo (MPAC) – Mar del Plata" (2009); el "Concurso Internacional Ampliación Museo de Arte Moderno de Medellín (MAMM)" (2009) y el "Concurso Distrital de Anteproyectos para el Edificio Sede Administrativa, Sucursal Rosario, de Aca Salud" (2015), son las más relevantes de un total de veinticuatro, en las que trabaja junto a diferentes asociados y colaboradores, entre 1993 y 2015. Las mismas representan campos de exploración y de construcción de su modo de ver y hacer arquitectura. Tomando la idea de Grüner, pueden ser comprendidas como ensayos cuyo costado artístico se "rebela ante la ilusión de que el pensamiento pueda ser reducido a una serie de proposiciones inequívocas y directas, perfectamente demostrables según criterios positivos" (1996: pp. 159-160).

El buen salvaje que construye

¡Si tienen la verdad, guárdenla!
Soy un técnico, pero tengo técnica sólo dentro de la técnica.
Fuera de ello soy loco, con todo el derecho a serlo.
Con todo el derecho a serlo, ¿oyeron?[13]

Fernando Pessoa (1998: p. 105)

Iglesia subraya en Morales que

> para el hombre, el trato con una estructura que debe fa-
> bricar es de valor considerable, porque con ella adquiere
> conciencia del peso, de "la gravedad", y, en su condición
> portante, da la im-portancia que tiene la distribución de
> cargas. El peso se traduce en la ponderación de las cosas
> y en la consideración de "los imponderables"; por ello
> la arquitectura muestra maneras de "pensar" que en su
> sentido originario significaron, literalmente, modos de
> "pesar" (1992: p. 108).

FIGURA 13 /

Exploraciones
formales y
estructurales.
Fuente: archivo
personal Gustavo
Farías.

Además, lee aquello que Quetglas propone para uno de sus cur-
sos: que las maquetas no sean el resultado de ningún objetivo,
"ni siquiera son un resultado [...] no son propuestas como tales,
ni son buscadas, sino que ocurren en el curso de una actividad"
(2002: p. 184). De manera semejante, en el programa creativo
de Iglesia, la aproximación lúdica a las formas estructurales es
una oportunidad de ensayo abstraída de los condicionantes de la
encomienda —comitente, localización, normativas, programa,
escala, presupuesto, etc.—.
Como exploraciones de desenlace incierto, sus "juegos" tienen
como único objetivo la puesta en relación y acción de elementos
en donde la forma estructural afronta la imposibilidad de seguir

---

[13] El párrafo es marcado por Iglesia en su ejemplar del libro de Pessoa (1998).

una función (Fig. 13). Despojados de las restricciones del encargo, Iglesia, Farías y sus colaboradores —en su mayoría estudiantes de arquitectura o recién graduados—, en un primer momento con cajas de cartón y más tarde con materiales de construcción, trabajan insistentemente en la indagación de formas constructivas que quedan a la espera de una oportunidad para ser puestas en obra y en la administración de pesos y contrapesos con los que configuran modos alternativos de trasladar las cargas al suelo. Acerca de rol de estas exploraciones en el programa creativo de Iglesia, Suárez detalla que

> trabajaba sin encargo. Abordaba los problemas mucho antes de tenerlo. Para cuando recibía el trabajo ya tenía el problema resuelto. Por ejemplo, el proyecto de una escalera estuvo resuelto mucho antes de que surja la posibilidad de hacer la Escalera (2001) en la casa de calle Constitución. En esa obra, el encargo le sirvió para ajustar el proyecto. Era bastante ocioso y limitado en lo manual, pero dedicaba mucho tiempo a dibujar, a croquizar [...] y a plegar cajas de cartón, buscando formas —generalmente estructurales— sin la necesidad de contar con un encargo. Después, necesitaba de alguien más habilidoso y constante que lo complementara para desarrollar esas ideas. En ese ejercicio, enfrentaba problemas que en un futuro podían terminar dando solución a un encargo o quedar olvidados. Muchas veces, en ese proceso, se sorprendía con *resultados inesperados* (en Solari, 2019: p. 186).

Ante el empleo de las herramientas propias de la carpintería y la herrería y la utilización de materiales como la madera, el ladrillo y la chapa de acero, las manos habilidosas que complementan el hacer de Iglesia son las de Farías, con quien sostiene un trabajo mancomunado a lo largo de casi dos décadas (1997-2015). Recuerda Farías:

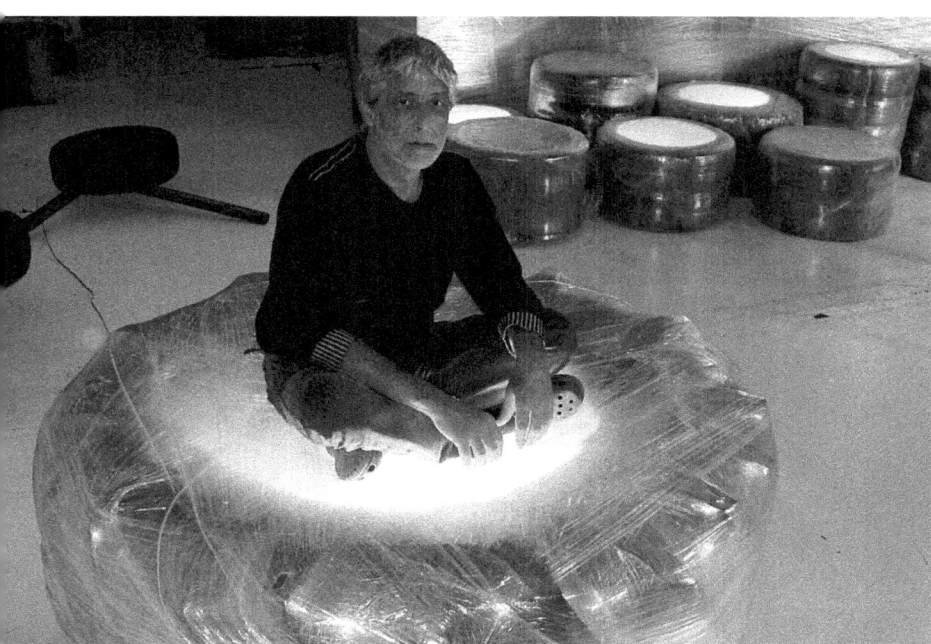

En los primeros tiempos, trabajaba con cartones, pero después con materiales de construcción. Para eso, yo le llevaba sobrantes de las obras al estudio. De repente, tomaba unas maderas, las ponía unas sobre otras y jugaba con el equilibrio. Para esos experimentos, él usaba los materiales, por ejemplo: sabía lo que pesaban el quebracho —con el que trabajábamos bastante—, la piedra, el ladrillo. Con ellos hacía pruebas reales. Pero también buscaba esos materiales que aparentemente no servían para nada. El nylon, por ejemplo, que con varias vueltas le daba la resistencia de un piso. Cuando descubrió el nylon y armó esas gomas envueltas sobre las que podíamos saltar, fue fantástico (Fig. 14). Esas eran las cosas que lo atrapaban. En esos juegos, Rafa siempre encontraba algo. A veces, cuando recibía un encargo decía: "Ahí está", porque, aunque faltaba darle forma, él sabía que la obra salía de esos palitos. De todas formas, también un porcentaje importante de esos experimentos quedaba en la nada y se olvidaba. Además, en muchas ocasiones veía algo en la obra, unas maderas tiradas, algún desperdicio que le llamaba

FIGURA 14 /

Exploraciones estructurales. Fuente: archivo personal Gustavo Farías.

la atención y me decía: "Traete eso, vamos al estudio", y nos poníamos a trabajar en una idea nueva. Es que, en ese momento, él tenía ya algo en mente y había encontrado eso que lo completaba (en Solari, 2019: p. 168).

Al poco tiempo de comenzar a trabajar con Iglesia, Farías se convierte en el amigo y el socio indispensable. Es la figura que le permite sostener su *modus operandi.* Acerca del modo en que producen arquitectura, Caballero interpreta que juntos encuentran "una manera de trabajar. No necesitaban hacer planos". Una suerte de pensar-hacer en el que se "entendían a la perfección. Y en ese pensar-hacer iban decidiendo, modificando. *Borraban el orden temporal del proyecto respecto de la construcción.* Estaba todo superpuesto. Era una forma distinta de trabajar." (en Solari, 2019: p.180).

Con esta particular modalidad para abordar el acto creativo, Iglesia recupera un conocimiento sostenido por la experiencia y la intuición, anterior al cálculo estructural, acerca de determinados conceptos estáticos y mecánicos. Para Morales, el vínculo entre el saber y el hacer "libra a la técnica de reducirse a pura instrumentalidad" y se contrapone a la sola productividad a la que el acelerado desarrollo de la industria la impulsa (1992: p. 94). Antes que optar por la mímesis del caos deconstructivista, Iglesia elige recuperar las herramientas de un momento en que la arquitectura se aproximaba a la construcción de la estructura, como mímesis del esqueleto. Apartado conscientemente de los disfraces estilísticos del pastiche historicista (Iglesia, 2011f) y de las formas de evasión representadas por el arbitrio de las simulaciones en entornos informáticos, compone un modo de obrar que le permite abordar al objeto arquitectónico como problema constructivo y estructural. No obstante, esta modalidad implica la decisión de dejar de lado —salvo por la realización de algunos bocetos iniciales (Fig. 15)— la representación gráfica del objeto arquitectónico en los términos sostenidos desde la aparición del tratado de Alberti. Según explica

FIGURA 15 /

Bocetos realizados
por Rafael Iglesia.
Fuente: archivo
personal Gustavo
Farías.

Farías, al iniciar la ejecución de las obras de Iglesia no hacían falta planos: "lo resolvíamos primero en la obra y después se armaba un plano en el estudio, recién ahí. Al fin y al cabo, yo trabajaba como él quería. No es fácil encontrar a alguien que empiece por la obra y después vaya al plano. La mayoría de los contratistas necesitan el plano para empezar la obra" (en Solari, 2019: p. 167). En este sentido, tergiversando y contradiciendo lo escrito por Morales alrededor del diseño como indicaciones taxativas[14], Iglesia objeta al dibujo como la herramienta para abordar el problema del proyecto arquitectónico y opta por ajustarse al "impulso, positivo y feliz, ingenuo y genital, del buen salvaje que construye", tal como subraya en Quetglas:

> Desde Brunelleschi, primer arquitecto, la arquitectura no ha sido ya nunca más el impulso, positivo y feliz, ingenuo y genital, del buen salvaje que construye. Ha sido, al contrario, ese movimiento tozudo, exasperado o paciente, para perturbar, destruir, cancelar todo lo que existe a nuestro alrededor y nos ahoga —incluso a la larga—, la propia arquitectura" (2002: p. 35).

En el mismo texto, en el que el arquitecto catalán describe el interior de una de las obras de Adolf Loos, Iglesia marca otro párrafo: "Se trata de un espacio advertible sólo sensorialmente y no mental y ópticamente. Si el dibujo puede ser una argucia para reproducir un espacio mentalizable, no hay representación posible de una sensación" (2002: p. 58). Más adelante, agrega Quetglas que Loos

---

[14] Morales propone que "el proyecto arquitectónico puede traducirse en determinados 'diseños', que, como la palabra indica, suponen, claramente, 'designios' o intenciones taxativas. Y tales diseños quedan en la condición de 'planos', anticipados a la obra construida, mediante los que se eliminan los accidentes con que se tropieza en el hacer incierto, 'allanándolos', 'aplanándolos' de antemano. Así que la condición previsora del hombre adquiere una de sus expresiones más claras en la labor del arquitecto, porque la imaginación de éste es, esencialmente, anticipadora" (1992: p. 96).

ya advirtió que "cada obra de arte tiene leyes internas tan fuertes que sólo puede manifestarse en una única forma". Para lo nuestro, eso va a querer decir que dibujo y arquitectura ocupan posiciones opuestas. Yo afirmo: una arquitectura verdadera nunca puede ser dada con eficacia por el dibujo. El verdadero arquitecto es alguien que no sabe dibujar absolutamente nada, que no sabe expresar su mundo interior propio trazando líneas (2002: p. 135).

Aquí hay un placer sobre la materia que, sabiamente manipulada se convierte en otra cosa, en construcción, y que recuerda el placer activo del lector según Barthes. No es casual este tramo subrayado por Iglesia: "cuanto más una historia está contada de una manera decorosa, sin dobles sentidos, sin malicia [...] es mucho más fácil revertirla, ennegrecerla, leerla invertida [...]. Esta reversión, siendo pura producción, desarrolla soberbiamente el placer del texto" (Barthes, 1991: p. 44).

Suárez confirma que lo que hace Iglesia es

entrar al proyecto desde las tres dimensiones —con las maquetas, por más abstractas o primarias que fueran— y no por las dos dimensiones del plano. Entrar al proyecto apilando maderas o con una caja calada, le daba resultados particulares, pero eso no quiere decir que no se preocupase por la planta (en Solari, 2019: p. 186).

Concluye Iglesia que "lo que hacemos se transforma en planos, plano significa allanar, prever dificultades, quitar los obstáculos del camino, es decir: eliminamos el error como punto de partida, de antemano partimos de una seudo-verdad o presupuesto" (2008b: p. 11). Su proposición —deudora de una observación de Paulo Mendes da Rocha[15] y de su lectura de Grüner (1996: pp. 160-161)— va en el sentido contrario: "transformar al objeto en el proceso de su construcción" (2008b:34). De esta forma, pareciera dar cuerpo a la argumentación que Heidegger formula en su conferencia en el Segundo Coloquio de Darmstadt, ante los arquitectos involucrados en la reconstrucción de Alemania tras la Segunda Guerra. Señala Heidegger que "habitualmente tomamos el producir como una actividad cuyos esfuerzos tienen como consecuencia un resultado, el edificio terminado" (1997: p. 51). En cambio, propone para el término la noción de "producir que produce" y recuerda que la raíz griega del mismo corresponde a la palabra *técnica* que "para los griegos no significa arte ni artesanía, sino: dejar aparecer algo [...]". La técnica, así pensada, "se esconde desde tiempo ha en lo tectónico de la arquitectura" (1997: p. 53).

Con la puesta en práctica de este modo de obrar, Iglesia relaciona el hacer con la creación en los términos propuestos por Richard Sennett (2009). Por ello, para Rigotti, las obras de Iglesia "no son táctiles en el sentido de las recientes piruetas fenomenológicas centradas en la exacerbación de la sensitividad individual frente a detalles insignificantes [...]; son experiencias táctiles porque en sus investigaciones las manos fueron inseparables de la mente" (2015: p. 131). Además, Silvestri interpreta que el hormigón, el vidrio, la madera y los cueros son cuidadosamente ensamblados por Iglesia; "ordenados según una secuencia constructiva —que presupone una medida, un ritmo, tanto en el proceso de trabajo como en el resultado. El sentido perceptual, constructivo y estructural; el carácter; el procedimiento para lograrlo; el uso, se refieren mutuamente" (2006: p. 28). Esta singularidad presente en la construcción poética de Iglesia, es descrita por Rigotti:

---

[15] Acerca de una conversación sostenida en una cena con Aravena y Mendes da Rocha, recuerda Iglesia que este último "dijo algo fantástico que, por otra parte, lo define. Al preguntarle por la elección de una obra arquitectónica, por sobre todas, contestó que privilegiaba a las pirámides egipcias, porque son la máquina de su propia construcción: el plano inclinado" (2011e: p. 27).

[...] Maderas, hierros, ladrillos de diversas clases, restos de cartón y vidrio, baldosas y máquinas arrumbadas de contenido y fin difuso; por el piso, muestras de ensayos previos. Un gran espacio en el centro de la ciudad donde se ufanan pasantes de los lugares menos pensados con soldadoras, sierras, cucharas de albañil, poniéndose en contacto, analizando el comportamiento y los efectos de los materiales, explorando soluciones para problemas que esperan ser planteados (2015: p. 131).

FIGURA 16 /

Fotografía del ayoreo expuesta por Iglesia. Fuente: archivo personal Gustavo Farías.

Para Silvia Pampinella, Iglesia es un inventor en la periferia, "en el sentido de esos raros y solitarios personajes que, en las novelas de Roberto Arlt, cuestionan los valores, no desde el Saber, sino desde unos saberes técnicos y marginales, sin legitimación, o los saberes de los pobres" (2006b). Aravena complementa esta idea al recordar que, en una conferencia compartida con Iglesia, cautivó su atención la imagen que éste expuso de un ayoreo con una cinta en torno a su cuerpo (2015: p. 11). Ese trozo de cinta (Fig. 16) —una banda textil que, atada alrededor de la espalda y las rodillas, disminuye las tensiones lumbares al sentarse—, "sirve a Iglesia para introducir a un pensamiento excepcional". Para Aravena

esa cinta es a la silla como X debiera ser a lo que estamos buscando: una arquitectura despojada, precisa e irreductible. Con el ejemplo de la silla del ayoreo Iglesia planteaba que el momento donde el sustantivo —silla— desaparece es clave para que sólo quede el verbo —sentarse— [...] no lo voy a olvidar jamás, es un pensamiento que explica su originalidad. (2015: p. 11)[16]

---

[16] Con posterioridad, Aravena diseña y presenta en la Feria del Mueble de Milán (2010) Chairless: una cinta basada en los principios de la creación ayorea difundida por Iglesia.

Las máquinas simples

> Creo que el principio de toda teoría consiste en la obs-
> tinación sobre algunos temas, y que es propio de los
> artistas, de los arquitectos, especialmente, el hecho de
> centrarse sobre un tema a desarrollar, de efectuar una
> opción en el interior de la arquitectura y de querer re-
> solver siempre un mismo problema.
>
> Aldo Rossi[17]

El arquitecto español Rafael Moneo enseña que, pese a aquello que acostumbramos llamar "libertad creadora", tan pronto como la obra se difunde, lo que considerábamos como liberación de la norma instaura una nueva convención: es entonces cuando "los artistas, los arquitectos, quedan atrapados en sus propias redes" (1991: p.10). Intentando evadir esa encerrona, Iglesia propone que "quizás de lo que se trata es de hacer siempre lo mismo y no repetirse" (2008b: p. 13). Bautista sostiene que, para Iglesia

> cada obra era un ensayo, una forma de ver el mismo
> problema en todas las cosas. Eso es "borgeano". Hay
> un montón de lectores que se quejan de que Borges en
> la última época iba y venía siempre sobre lo mismo. [...]
> En Rafa a lo mejor hay una, dos o tres ideas, a las que da
> vueltas, y otra vuelta y otra... Ese trabajo habla de una
> persistencia muy especial. (en Solari, 2019: p. 156)

Como parte indisociable de su programa creativo, los persistentes ensayos materiales y estructurales dan como resultado una cons-telación de obras: la Escalera (2001), la Quincha y Piscina (2002), el Quincho (2002) y el Pabellón de Fiestas del Parque de Diversiones (2003). A la manera de desenlaces provisorios, estas obras le abren la posibilidad de poner a prueba formas estructurales cuyo modelo

---

[17] La cita de Aldo Rossi, que aparece originalmente en *Architettura per i musei*, está tomada del ejemplar de Quetglas leído por Iglesia (2002: p. 70).

FIGURA 17 /

Fotografía de Jackson
Pollock expuesta por
Iglesia en algunas de
sus conferencias.
Fuente: archivo
personal Gustavo
Farías

encuentra en la lucha oriental, en tanto que "cada contendiente vuelve a su favor la fuerza de su oponente" (Iglesia, 2008c: p. 35). Además, esta apuesta por la experimentación con máquinas simples a base de palancas, fricciones y contrapesos, exhibe la reafirmación de un saber arcaico, anterior a la arquitectura como disciplina, y pone en evidencia su inquietud recurrente por un mismo problema —estructural en el plano de la obra y etimológico en el plano conceptual—. Así, en su producción se hace presente un elemento que descubre en las pinturas de Jackson Pollock: la fuerza de la gravedad (Fig. 17).

Tres lecturas proveen a Iglesia del material para la realización de estas obras primitivas en la doble acepción de la palabra: arcaicas, bárbaras, tanto como primarias, iniciales. En *Radiografía de la Pampa,* marca un párrafo en el que Martínez Estrada explica que "cada día de navegación, las carabelas desandaron cien años. El viaje se había hecho a través de las edades, retrocediendo de la época de la brújula y la imprenta a la de la piedra tallada" (1993: p. 53) (Fig. 18). De manera complementaria, de *Experiencia y pobreza,* el ensayo donde Benjamin identifica como "bárbaros" a René Descartes, Albert Einstein, Paul Klee y Loos, toma una cita con la que, más tarde, trabaja reiteradamente: "¿A dónde le lleva al bárbaro la pobreza de la experiencia? Le lleva a comenzar desde el principio; a empezar de nuevo; a pasárselas con poco; a construir desde poquísimo y sin mirar ni a diestra ni a siniestra" (1982: p. 169). La misma noción es abordada por Quetglas en sus *Tres escritos que no van a examen*, donde propone —e Iglesia subraya— que "para la sensibilidad clásica, lo bárbaro es irrepetible —es decir, en este sentido, lo que no es modélico, la pieza única— pero, sobre todo, es lo exótico, lo que queda fuera de posibilidad de engarce con nuestro corro de referencias" (2002: p. 157).

Esta idea de volver a empezar deja atrás cualquier ilusión de un momento que explicaría los desarrollos posteriores, tal como la figura de la cabaña primitiva de Marc-Antoine Laugier de 1751 y sus multiplicadas derivaciones. La construcción poética de Iglesia, mediante un modo de obrar que definimos como arcaico en su esencialidad inicial, despojado de todo saber, de todo hábito, cuestiona las formas prefiguradas y rechaza la reproductividad de su propia obra. Hay en esto una tozudez de volver a empezar que se puede asociar a la crítica negativa a todo lo aceptado. Es la acepción que viene a la mente si revisamos algunos subrayados en el ensayo de Grüner titulado "El arte de la demolición y la estrategia del Fracaso: Adorno y el ensayo", donde el autor elabora una aclaración respecto del pensamiento del filósofo, para quien el arte es,

FIGURA 18 /

Martínez Estrada (1993). Ejemplar marcado por Iglesia. Fotografía: elaboración propia.

> en el campo de fuerzas de la modernidad, una práctica que todavía conserva, y no sin ambigüedades, el potencial de negatividad utópica que puede producir una quiebra en el orden de lo aceptado como posible. Pero se trata, claro, de una convicción precaria: de una intemperie disfrazada de refugio, porque inmediatamente que se le postula como camino hay que destruir las huellas que podrían señalizarlo para otros: única forma posible de pretensión hacia lo universal, el arte sólo adquiere su verdadero modo de presencia en la obra, es decir, en lo singular e irrepetible (1996: p. 157).

FIGURA 19 /

Quincha (2002).
Fotografía: Gustavo
Frittegotto.

En la memoria de la Escalera (2001), Iglesia revela sus fuentes y cuestiona la idea de que se trate de algo totalmente inventado:

> La escalera es uno de mis últimos trabajos, por lo que comparte con ellos una forma de proceder que podría calificar de "bárbara", a la manera en que entiende la barbarie Walter Benjamin. [...] De acuerdo con esto, comienzo eliminando la representación, porque según la herramienta que se utilice en cada proyecto, el resultado será distinto (2011d: p. 18).

En el mismo escrito, Iglesia expone sus lecturas de Borges y Cortázar, para señalar que "lo fascinante del objeto escalera es lo que sostenía Cortázar: cualquier otra combinación producirá formas quizás más bellas o más pintorescas, pero incapaces de trasladar a alguien de una planta baja a un primer piso. Quizá es en este sentido que Borges afirmaba que la escalera 'es un objeto totalmente inventado'" (2006e: p. 24).

Posteriormente, para describir el tronco que sustenta la losa de la Quincha (Fig. 19), sostiene que

> no es una cariátide arbórea, es una columna dispuesta a empezar de nuevo. Si bien no es normal, es natural; es la primera columna si se quiere, la más elemental, la más arcaica. Mucho antes de la modernidad, el tronco era la columna. Los griegos arcaicos, en la maraña selvática hallaron la imagen de la materia sin forma, de lo indeterminado y, por lo tanto, incognoscible. En el sentido más antiguo, materia y madera son lo mismo. En el árbol genealógico de la columna, el tronco es el origen (2006f: p. 26).

La Quincha es un encargo que, además, permite a Iglesia reflexionar acerca de cierta noción de tiempo que Quetglas, siguiendo a

Benjamin, asocia al materialismo histórico y define como constelación que pone en relación al acontecimiento y al observador en una historia a contramano de las agujas del reloj, opuesta al tiempo histórico como continuo mecánico en que se sustenta la idea de progreso (2002: pp. 199-200). En la memoria aparecen estas ideas y en la obra, como explica Bautista, toma forma "la presencia afantasmada de los palos en los campos de Monte Caseros, recuerdos que son muy personales, muy propios, muy secretos, pero que al mismo tiempo son recuerdos muy comunes, muy de todos" (2016). En dicho texto, Iglesia expone asimismo su experiencia al contemplar la obra finalizada (Fig. 20) y la relaciona con sus lecturas de Morales (1992), Martínez Estrada (1993) y Borges (1975):

El lugar en horas de la tarde, se vuelve estéril. Ya no protege, el oeste lo atraviesa y lo inutiliza. Sus formas y su color ya no sirven. El objeto pierde su sentido, su razón. En esta momentánea inutilidad encuentra su esencia. Deja la servidumbre para ser. La pared no ampara; la cubierta ya no cubre, sólo recoge el reflejo del agua y su movimiento. El líquido, al reflejarse en la losa, se transforma en el ondeante follaje del cadavérico tronco que se mueve cuando corre alguna gota de viento. El espejo opaco no duplica —para tranquilidad de Borges—, sino que sugiere una realidad ausente.

Insistentemente, todos los días de sol —y durante las noches de luna llena—, el árbol volverá a presentarse casi "como un recuerdo que relampaguea en un instante de peligro"[18], para manifestar que el pasado no perma-

---

[18] La cita, que Iglesia toma de "La Argentina como pentimento" (Grüner 1996, p. 31), aparece originalmente en *Sobre el concepto de la historia*, de Benjamin. El texto completo es el que sigue: "Articular históricamente el pasado no significa conocerlo como verdaderamente ha sido sino adueñarse de un recuerdo tal como éste relampaguea en un instante de peligro".

FIGURA 20 /

Quincha (2002).
Reflejos del agua de
la piscina sobre el
fondo de la losa de
hormigón.
Fotografía: Gustavo
Frittegotto.

nece igual a sí mismo: el pasado acontece una vez, más
todas las veces en el corazón del presente, comunicán-
dose y construyendo el futuro que a su vez lo construye,
atravesando a contrapelo o saltando las agujas del reloj
(2011e: pp. 26-27).

Según señala Liernur, la aparición en escena de Iglesia y de otras
figuras como la de Bucci en el contexto de América Latina, marca
"el final del posmodernismo y del llamado regionalismo crítico"
(2016). De una escala modesta y ubicadas "en el polo opuesto a la

sobreabundancia de medios y de discurso de la mayor parte de la producción dominante en el panorama internacional" (2006b: p. 4), las obras de Iglesia son sorprendentes por la reverberación que alcanzan. Las que describe como

> unas construcciones con la fuerza que nos imponen las máquinas antiguas del trabajo y de la guerra [...] antiguas porque funcionan como medios que le permiten volver a formularse desde el principio las mismas preguntas simples que nos hemos hecho y respondido hace centenares o miles de años, para inventar nuevas soluciones basadas en inexplorados resquicios lógicos, y demostrarnos así con sus astucias oblicuas, que las barras del vallado nos encerraban solamente en nuestra imaginación (2006b: p. 6).

Distante de las extravagancias formales del diseño volátil o sensible a las modas, en la Quincha Iglesia define un universo de elementos, pobres, primordiales, con los que construye máquinas simples: el palo y la piedra. Los postes de madera sirven de columnas para sostener una losa de hormigón que al comprimirlos los mantiene estables; tres tablones de quebracho colorado en voladizo actúan de mesa y trabajan de forma mancomunada con una trama de tirantes del mismo material, acuñada contra el piso y la cubierta (Fig. 21), sin "tensores, ni clavos, ni otro elemento más que la madera; complementan el sistema unas cuantas cuñas, las claves" (2006f: p. 26). Respecto de esta mesa, apunta que

> es una máquina simple: una palanca que está trabajando —literalmente— para sostener los cuatrocientos kilos de los durmientes. Esta máquina con su magia hace levitar la pesada mesa, quitándole "razones de peso". Se trata simplemente de un sistema de fuerzas que actúan por roce y carga" (2006f: p. 26).

FIGURA 21 .

Quincha (2002).
Estructura de la mesa.
Fotografía: Gustavo
Frittegotto.

De Poe, Iglesia toma la idea de que

la originalidad [...] no es en manera alguna, como suponen muchos, cuestión de instinto o intuición. Por lo
general, para encontrarla hay que buscarla trabajosa-
mente: y aunque sea un positivo mérito de la más alta
categoría, el espíritu de la invención no participa tanto
como el de la negación para aportarnos los medios para
alcanzarla (1973: p. 6).

No obstante, en la Quincha (2002), al igual que en la Escalera (2001) —obra en la que el acto creativo coincide en tiempo y espacio con su construcción[19] (Figs. 22 y 23)—, la clave, antes que en las cuñas —que sirven para comprimir y mantener estable el sistema—, está en la ausencia de clavos y de elementos intermedios para la unión de las partes. De esta forma, Iglesia recurre a una técnica anterior al descubrimiento y uso de los metales para la ejecución de un puñado de estructuras construidas en madera y piedra, que es representada por losas de hormigón. Un año más tarde, en el Quincho (2002), emplea los mismos elementos, aunque alterando sus posiciones relativas. La losa, que en la Quincha es una cubierta que aporta su peso para comprimir y estabilizar las columnas de madera, en el Quincho es un plano plegado que hace las veces de piso, despegado del terreno, y muro. Los durmientes no son columna sino mesa, bancos y vigas en voladizo; piezas calzadas con cuñas en hoyos previstos para tal fin en el hormigón (Figs. 24 y 25). Aquello que se reitera, son las solicitaciones estructurales de las máquinas arcaicas: palancas, fricciones y contrapesos. En la memoria de la obra explica que

> este pequeño trabajo fue realizado con los mismos conceptos del quincho anterior: no hay más vínculos que pequeñas cuñas que fijan los durmientes. Es un tabique de hormigón que está apoyado sobre el suelo, separado por unos tirantes de quebracho. A ese tabique se traban los durmientes de quebracho y se acuñan para ser fijados y nivelados. […] Del paramento vertical cuelgan la parrilla,

---

[19] Acerca de la Escalera, recuerda Farías que, en un escenario cargado de incertidumbre y a quince días del plazo de entrega de la obra, Iglesia decide dar inicio a su ejecución. Un primer intento —fallido— es llevado a cabo con tablones de quebracho sin cepillar. Tras el fracaso, el arquitecto decide procesarlos para obtener tirantes de 9 x 9 cm. "Así fue: hicimos cortar las tablas de quebracho, sacamos tres tirantes de cada una y volvimos a la casa. Quedaron perfectos. […] Todo era así con Rafael, a prueba y error", concluye Farías (en Solari, 2019: p. 163) Por otra parte, la relación propuesta entre el acto creativo y el momento de la construcción ha sido analizada en Silvestre y Solari (2018).

FIGURA 22 /

Escalera (2001).
Fotografía
del proceso
constructivo.
Fuente: archivo
personal Gustavo
Farías.

FIGURA 23 /

Escalera (2001).
Fotografía: Gustavo
Frittegotto.

las mesadas y los bancos. Estos últimos están construidos con un durmiente empotrado a la pared del que penden dos más envueltos en cuero de vaca. La fricción y el peso hacen el resto (Iglesia, 2011f: p. 20).

Esta serie de actos, en los que Iglesia ensaya diferentes soluciones para un mismo problema, alcanza su máxima expresión —aunque no concluye— con el Pabellón de Fiestas del Parque de Diversiones. En este edificio (Fig. 26), alejado de la imagen habitual para el programa en cuestión, expone la forma más elaborada de un sistema estructural basado en principios simples, lograda con elementos originales —en el sentido de novedosos, pero también de originarios o arcaicos—.

"Hay que cambiar el juego y no las piezas", subraya Iglesia en una cita de Duchamp que recupera Graciela Speranza (2006: p. 58). Antes que la búsqueda de una determinada estética, esta constelación de obras es el resultado de sus continuas exploraciones estructurales. No son tan importantes los objetos arquitectónicos en sí mismos como las relaciones entre unos y otros. La búsqueda de originalidad no supone la utilización de elementos nunca antes empleados, sino que consiste en combinar los elementos utilizados desde épocas remotas de una manera nunca antes vista. Tal como Iglesia marca en el prólogo escrito por Miguel Morey para la edición española de Foucault (Deleuze, 1987), le interesa reinterpretar el pasado, romper con las antiguas verdades de la tradición y producir lo nuevo (1987: p. 12): "para abrir, en el presente un espacio desnudo, una realidad por inventar" (1987: p. 16).

En un mismo sentido, el ajuste operado en el tratamiento de los troncos es capital. Mientras que la columna de la Quincha representa la literal incorporación de la columna arcaica —el tronco tal como es extraído de la naturaleza—, en el Pabellón de Fiestas el elemento es seccionado en tres partes, dando lugar a la construcción etimológica que Iglesia lee en Morales (1992: p. 97)[20] y a la representación de

FIGURA 24 /

Quincho (2002).
Fotografía: Gustavo
Frittegotto.

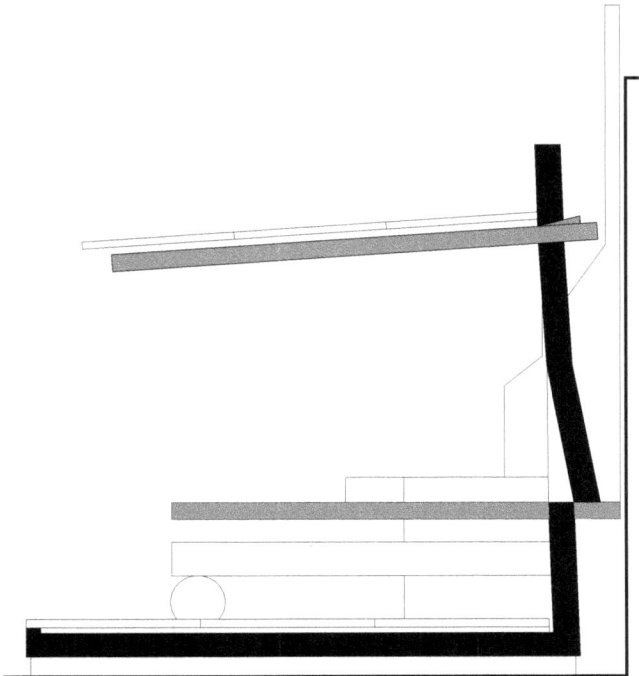

FIGURA 25 /

Quincho (2002).
Sección transversal.

FIGURA 27 /

Pabellón de
Fiestas del Parque
de Diversiones
(2003). Detalle
de las columnas.
Fotografía:
Gustavo Frittegotto.

la acción e intervención del hombre —mediante la técnica, con sus herramientas— sobre el elemento dado por la naturaleza (Fig. 27).

La imagen resultante responde a lo pretendido al comienzo: es decir, el edificio desaparece, los troncos se confunden con los árboles y sólo se manifiesta la línea de la losa gravitando en la arboleda como única señal de la intervención del hombre. [...] Sin embargo, los troncos han sido cortados en tres lonjas para favorecer su manipulación y con el fin de interrumpir el efecto mimético y mostrar en ellos la huella de la mano humana, porque lo que se pretende no es imitar a la naturaleza —o forzar que la naturaleza imite a la arquitectura—, sino contar qué pasa del otro lado (Iglesia, 2016c: p. 47).

---

[20] Iglesia lee en Morales: "Que la primitiva técnica interventora, agresora, del hombre, corresponde a la fabricación de hachas, es cosa reconocida. [...] El hacha y el trabajo con el hacha se asocian a la raíz teks-, propia de la técnica, con el significado de "él trabaja con el hacha" o "labora en carpintería". [...] El hacha se empleó como instrumento carpintero y la "madera" adquirió sentido general de "materia". [...] El sentido más antiguo de hyle ([...] "materia-madera") corresponde al de selva o bosque inextricable y sin confines [...]. Pero si el significado de hyle y de selva pasó de "selva" a "materia" y de éste a "madera", el paso siguiente correspondió al "material de construcción", es decir, de "madera cortada". La materia de la madera se convirtió en material propio para la arquitectura, en cuanto fue sometida a la decisiva acción técnica del hacha tajante y al proyecto pensante que la remitía a determinada solución arquitectónica" (1992: p. 97).

FIGURA 26 /

Parque de
Diversiones (2003).
Vista general.
Fotografía:
Elaboración propia.

La representatividad arquitectónica

Hay una actividad que es cobijar necesidades humanas mediante acomodación de materiales, que también involucra la representación de esas necesidades, o su presentación de una manera particular. En este sentido, es interesante la idea, que tomo de Hannah Arendt, de *aparición*: la necesidad de los seres humanos, y de los animales también, de *presentarse* frente a los otros.

Jorge F. Liernur (1998: p. 62)

Iglesia niega, renuncia a todo rol representativo —en el sentido de "cosa que representa otra"— de la arquitectura. Su reducción al grado cero es tal que pretende no sólo restringirla a su propia materialidad, sino a su "estructura" como razón esencial de la forma según la acepción ya clásica del sistema de sostén propuesto por Eugène Viollet-le-Duc y que justifica su nombre. Iglesia lee en Morales que la representatividad arquitectónica

testimonia determinados conceptos estructurales, puesto que patentiza las maneras de pensar respectivas a la naturaleza de los materiales y a la disposición de fuerzas, haciéndolas 'legibles' de acuerdo con los elementos que emplea [...]. Semejante representatividad, en cuanto artística, suele ser encubridora de la expresión real del juego de fuerzas, al que no siempre se ciñe por completo. Desde luego que el cálculo estructural es relativamente reciente y que las construcciones efectuadas por el hombre, hasta hace poco más de un siglo, habían de basarse exclusivamente en la experiencia y la intuición, pero, aunque así fuera, siempre significaban determinados conceptos estáticos y mecánicos. (1992: p. 18)

FIGURA 28 /

Casa en la Barranca
(1998). Fotografía:
Gustavo Frittegotto.

Con posterioridad, en la memoria de la Casa en la Barranca (Fig. 28), precisa que "el edificio es la estructura y nada más que la estructura [...] La edificación no tiene más lenguaje que lo que la sustenta" (2006a: p. 10). De manera análoga, acerca del edificio Altamira (Fig. 29) destaca la solución estructural, "que hace que la forma de sostén —es decir, la manera en que las cargas llegan al suelo— sea por sí misma el lenguaje del edificio" (2006d: p. 38). Finalmente, en el escrito titulado "Homo-no", expone que "el asunto de la arquitectura ha sido siempre el de sostener un techo, es decir, sostener un peso —las esforzadas cariátides prueban lo que digo—" (2008c: p. 11).

FIGURA 29 /

Altamira (2000).
Fotografía: Gustavo
Frittegotto.

Esta reducción explícita del edificio a su materialidad y de ésta a cierto orden estructurador de la trasmisión de fuerzas que otorga sentido a cada pieza, se ha constituido en un *leit motiv* en los comentarios a la obra de Iglesia. Wang, por ejemplo, asocia el edificio Altamira a un "castillo de naipes" (2011: pp. 10–11), legible como un helicoide de muros y vigas de hormigón, con los detalles mínimos al servicio de la representación del flujo rotacional de fuerzas (Fig. 30), incluso los núcleos de circulación vertical (Fig. 31) para hacer más dramático el voladizo de los balcones y subrayar la ligereza en un gesto que se estabiliza, según sus palabras, casi como una *maniera*:

> The concept for the core is carried over from Iglesia's various studies of cantilevering structures, as seen either in the dining table at the *Quincho* Jorge Newbery [...] The core is conceived as a dense fabric around which and in which services and structure, staircases and ducts are situated. What Iglesia translates in a literal manner from the *quincho* is the cantilevering kitchen/dining table (Fig. 32), projecting in the same direction as if to mimic as miniaturized architecture the projecting floor slab of the loft and that of the external terrace (2011: p. 11).

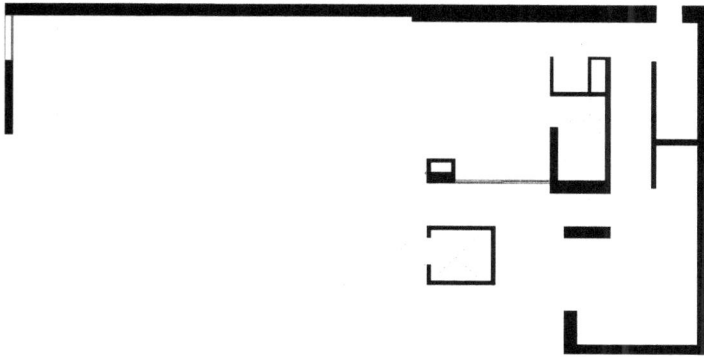

FIGURA 31 /

Altamira
(2000).
Planta.

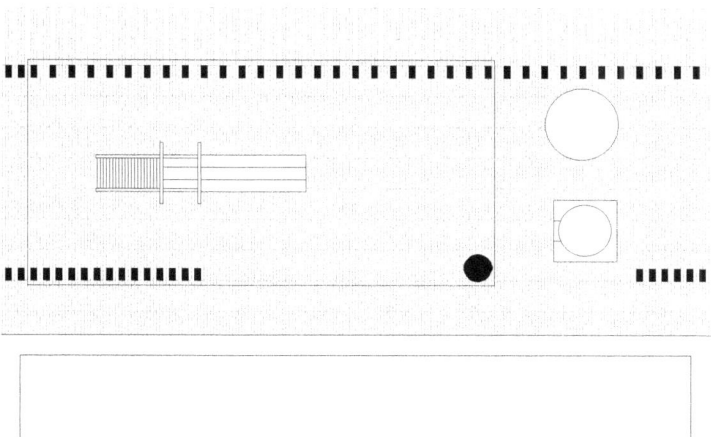

FIGURA 32 /

Quincha
(2002).
Planta.

FIGURA 33 /

Altamira (2000).
Vista desde la
terraza de acceso.
Fotografía: Gustavo
Frittegotto.

Federico Pastorino pone en foco los detalles, subordinados a la representación del conjunto como máquina arcaica (2011: p. 19): las guías de las carpinterías en un plano posterior (Fig. 33); el conflictivo encuentro de los vidrios a 45° en el vértice sureste para que la desmaterialización de la arista alcance valencia conceptual (dos planos que se rozan) a pesar de su irracionalidad constructiva; el revestimiento del muro medianero como negativo con la misma madera utilizada en los solados (Fig. 34). Diez expresa que

> desde un punto de vista estructural, los lados de esta pieza son ménsulas, sobre ellas se apoyan vigas invertidas que hacen de parapeto del estar y luego se sumergen bajo el poso para permitir el paso a la terraza, que también es el porche adonde llega el ascensor. Pero el tema de la exploración plástico-tectónica de Iglesia no pasa tanto por el voladizo, como por el contrapeso que lo sostiene. Las largas vigas sobre la medianera están allí sobre todo como contrapeso tectónico, pero también como contrapeso lógico que equilibra el sistema (2003a: p. 44).

FIGURA 34 /

Altamira (2000).
Vista interior.
Fuente: archivo personal
Gustavo Farías.

Este arte sintetizado en la estructura, que en la postulación de Valéry tiene su equivalente en la sintaxis del poema, en las obras de Iglesia se expresa en el roce de estos elementos arcaicos — sin conectores, sin amalgama—, y puede rastrearse en todas las obras construidas entre 1998 (Casa en la Barranca) y 2003 (Parque de Diversiones), donde

> las relaciones, hechas sensibles, de la materia, de las formas y de las fuerzas son dominantes, reconocibles desde todos los puntos de vista del espacio, e introducen, de alguna manera, como una presencia del sentimiento de la masa, de la potencia estática, del esfuerzo y de los antagonismos musculares que nos identifican con el edificio por una cierta consciencia de todo nuestro cuerpo (1990: p. 55).

Por otra parte, quizás haya sido una cita de Loos que lee en Quetglas la que le descubre el principio semperiano del *Bekleidung*: "cualquier material puede ser revestido con cualquier material, mientras el revestimiento no se confunda con lo revestido" (2002: p. 60). Y esto enriquece la Casa De la Cruz (2008), donde la repre-

FIGURA 35 /

Casa De la Cruz
(2008). Fotografías
de la maqueta de
estudio. Fuente:
archivo personal
Gustavo Farías.

sentación de la lucha de fuerzas se corporiza mediante la administración de brazos de palanca de tres cuerpos, tres volúmenes cuya autonomía es confirmada por el ladrillo entendido como revestimiento: son volúmenes en equilibrio, livianos y en estabilidad transitoria, no muros, no cuerpos macizos encimados; sigue siendo el mismo juego —aparente— de maderitas (Fig. 35). Acerca de esta obra, Iglesia escribe que:

> la estructura de la planta baja y el primer piso es una pila inestable sin vínculos que se estabiliza y equilibra con el volumen superior. En el tabique que define la cocina hay un tensor de seguridad: la gravedad no llega al piso por el camino más corto como en una obra racional, la distribución de las cargas es asimétrica y la administración de la distancia vuelve barroca la línea de la gravedad (2016a: p. 73).

Los paramentos, que ofician de cerramiento, están compuestos por tabiques de hormigón armado revestidos —sobre su cara externa— por "escamas" de ladrillos sin junta (Fig. 36). Durante la construcción, dichos ladrillos —simplemente apoyados— son incorporados al encofrado de los tabiques, previo al vertido del hormigón, para asegurar su adherencia (Fig. 37).

Para una mirada aguda, la ausencia de mortero entre las hiladas evita representar tanto la carga gravitatoria como la masa muraria. La continuidad dada por el entretejido de las aristas permite comprender al revestimiento como envolvente textil, continua, aplicada sobre volúmenes livianos (Fig. 38), haciendo evidente su incapacidad portante y su estar allí como *Gewand* —término del alemán empleado por Semper que significa *vestido*—.

FIGURA 36 /

Casa De la Cruz (2008).
Detalle del evestimiento
de ladrillos. Fotografía:
elaboración propia.

FIGURA 37 /

Casa De la Cruz (2008).
Fotografía del proceso
constructivo. Fotografía:
Gustavo Farías.

FIGURA 38 /

Casa De la Cruz (2008).
Vista general. Fotografía:
Gustavo Farías.

Con esta obra, Iglesia participa de las controversias que se dan en el campo de la cultura arquitectónica respecto del revestimiento y sus posibilidades de enmascarar o revelar la construcción. Como manifiestan Giovanni Fanelli y Roberto Gargiani (1999) esta polaridad, que en el tránsito del siglo XIX al XX se convierte en una de las claves de la teoría arquitectónica, ya había sido expresada por Semper con la distinción entre *Bekleidung* —vestido— y *Verkleidung* —disfraz—. Para estos autores, "revelar y enmascarar, son conceptos de una problemática cada vez más actual, apremiante y dramática en el transformado horizonte técnico y tecnológico que no contempla ya sólo la solución tradicional de una estructura continua muraria que resuelve la envoltura" (1999: p. 13). En la Casa De la Cruz, el vestido aparece, ya no como un forro precioso sino como un índice de la ambigüedad que lleva consigo la desaparición del muro portante.

El carácter textil del revestimiento es tratado por Morales como modalidad arquitectónica extensiva del encapsulamiento constituido por los límites de lo edificado. Además, propone que la noción de técnica vincula a la arquitectura con el tejido y el vestido, mediante términos como "cubrir", "cubierto", y más aún, "indumentaria", que "procede de *induo*, que significa 'revestir'" (1992: p. 106). En este sentido, la arquitectura aparece como abrigo. Por otra parte, el autor relaciona al revestimiento con el ornato, como adorno o decoración representativa de la esencia del habitar como personificar, lo que significa para el hombre la posibilidad de comunicar su mundo a través de una máscara encubridora y reveladora al mismo tiempo. Siguiendo a Morales, Iglesia explica en la memoria de esta obra que, al no contar con "puertas ni ventanas que organizar, no existe ese discurso funcional, didáctico, hasta ingenuo, que nos dice: 'yo soy...'. No pretende decir la verdad [...] Su lenguaje no tiene nada que decir, el silencio dice mucho más que las palabras" (2016a: p. 74).

El revestimiento es la última máscara de unos cofres; grandes volúmenes a los que el vestido en ladrillo desprovee de masa y permite ver como piezas en equilibrio, expresión del instinto más primario de construir. Todo lo cual nos invita a seguir pensando en máquinas arcaicas.

La construcción del emplazamiento

Iglesia lee y marca en Quetglas que "elegir emplazamiento, referir unas partes a las otras es, ya, constitución de arquitectura" (1991: p. 38). Además, destaca un párrafo en el que el arquitecto mallorquín —en evidente acuerdo con Heidegger (1997)— describe que un edificio

> se apoya en el suelo, pero el suelo se forma después de llegado el edificio [...]. Sólo cuando el edificio existe el espacio toma forma. Antes el espacio era un continuo indiferenciado; ahora, desde el edificio, se ha constituido un delante y un detrás, un arriba y un abajo, distancias, lados, centros (1991: p. 40).

Para Iglesia, la intervención sobre el solar adquiere especial significación, no como definición de un pedestal, de las coordenadas para la contemplación del objeto, sino como diseño de un recorrido que da vida y sentido al partido arquitectónico. El edificio no se emplaza, no se coloca: da ritmo a un devenir, a una acción, a un espacio —*Raum*— entendido como escenario para la acción. Este vínculo entre arquitectura, visión y movimiento, elaborado por Le Corbusier en torno a la noción de *promenade architecturale*, es revisado por Beatriz Colomina en un texto en el que la autora recuerda que el arquitecto —acerca de la Ville Savoye— ha expresado que

> la arquitectura árabe nos da una lección preciosa. Se la aprecia al andar, a pie; andando, moviéndose, es como uno ve el orden arquitectónico desarrollarse. Es un principio contrario al de la arquitectura barroca, que se concibe sobre el papel, en torno a un punto teórico fijo. Yo prefiero la lección de la arquitectura árabe. En esta casa de lo que se trata es de un auténtico paseo arquitectónico, que ofrece perspectivas constantemente cambiantes, inesperadas, a veces asombrosas (2006: pp. 30-31).

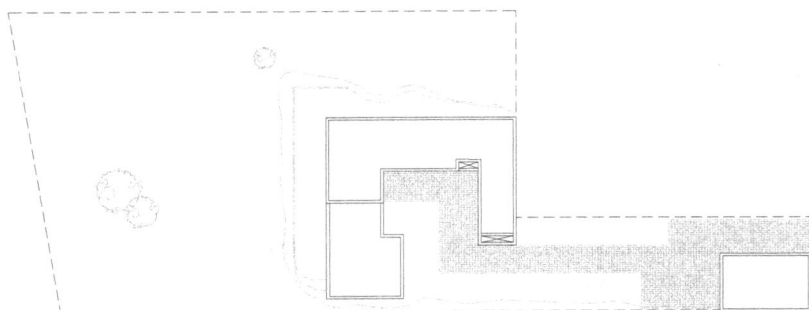

FIGURA 39 /
Casa de Pasillo (2003).
Planta general.

Coincidiendo con esta acepción, Suárez dice de Iglesia que "frente al encargo, la primera operación que lo preocupaba era la estrategia de implantación y, junto con ello, el recorrido para llegar a la obra" (en Solari, 2019; p. 186). Por ejemplo, en la memoria de la Casa de Pasillo (2003) —obra que realizan en colaboración— refieren a la operación que realizan, como una sucesión de acontecimientos: "El planteo responde a las características del terreno. El partido se preocupa fundamentalmente por la forma de acceder a la casa. Aparece una calle interior que culmina en un patio romano. El ingreso es una ceremonia" (2006b: p. 14) (Fig. 39).

Otro tipo de diálogo, de puesta en juego del edificio y su empla-zamiento es el que señala Torrent (2002), disponiendo piezas abstractas en relación con el paisaje: un paisaje que no es variedad ni accidente, sino que es vacío, la vastedad abstracta de la pampa. En esta segunda acepción resuenan lecturas de Martínez Estrada (1993) y Morales (1992, 1999). Por ejemplo, Martínez Estra-da sostiene —e Iglesia subraya— que América no tiene pasado (1993: p. 9); que los pueblos de la pampa "parecen aerolitos, pedazos de astros habitados caídos en el campo" (1993: p. 72) (Fig. 40) y que "la unidad de medida entre los pueblos aislados" no es ya la unidad tomada de las proporciones del hombre —el pie, la yarda— sino "la medida geográfica" (1993: p. 70). De manera complementaria, la noción de "vastedad" —que Morales define como descomunal amplitud en donde "el horizonte establece, a distancia, la única referencia clara: el límite sensible" (1992: p. 99)— es asociada por Iglesia al "espacio inmenso" de la pampa. Para Morales, una vez percibido, el espacio de la vastedad se convierte en homocéntrico (1992: pp. 99-100). A partir de esta idea, argumenta que, a diferencia del errante —que yerra en lo indeterminado— y del orientado —que remite a los astros para aventurarse en la vastedad—, el hombre situado se presenta por medio de operaciones arquitectónicas que le dan sede (1992: p. 100). Estas máquinas abstractas no abrigan, no protegen, pero colocan, sitúan, dan sede, establecen el kilómetro cero, el mojón de referencia primaria.

En la memoria de la Casa en la Barranca, Iglesia explica que

FIGURA 40 /

Martínez Estrada (1993). Ejemplar marcado por Iglesia. Fotografía: elaboración propia.

> acá la historia es breve y el espacio inmenso, somos más geográficos que históricos. La vastedad es nuestro medio. El paisaje es lo que nos hace paisanos. Sobre el Paraná, el horizonte —que divide lo terrenal de lo divino— está delineado por un trazo grueso, a mano alzada [...]. El edificio es la estructura y nada más que la estructura. [...] Es como nuestros pueblos en la inmensidad del territorio; un aerolito caído del cielo, una roca tirada en el campo (2006a: p.10).

Para el arquitecto, "la estrategia fue poner la piscina en el nivel intermedio y la casa en el nivel inferior, con el fin de extender el plano de uso sobre el techo de la casa" (2001: p. 136) (Fig. 41). De esta forma, fija márgenes, ordena y sitúa referencias inteligibles —la piscina, el patio, la casa— articuladas frente a "lo vasto": el horizonte pampeano. En dicha operación, propone acciones intensificadoras, construyendo una sede para la transformación del espacio genérico; da lugar a la noción del "ser", de

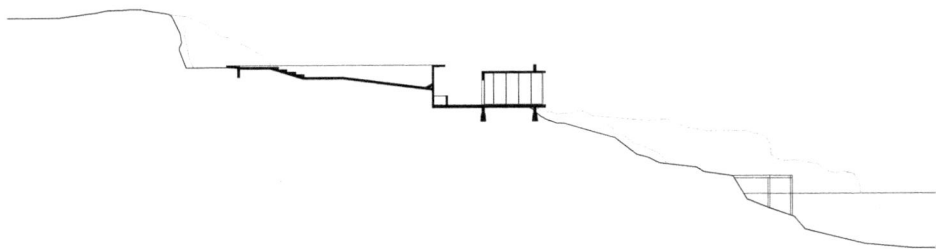

su "establecerse" y "densificar el lugar" mediante la construcción de un centro en el que el hombre se constituye y que alude al "hogar o habitación en la que se hace fuego" (Morales, 1992: p. 100). En la Casa en la Barranca: el patio intermedio (Fig. 42). El patio, "entre la pared de la piscina y la casa, organiza el proyecto" (Iglesia, 2006a: p. 10); constituye un lugar de reparo y convoca a la reunión frecuente y es un centro —en el sentido que le da Morales al término— en tanto implica la limitación del contorno: un recorte de la vastedad. Como consecuencia de su acción reductora, Iglesia materializa la "acotación reveladora, por limitativa, de las cosas y del hombre" tal como propone Morales (1992:118). La disposición de límites[21] es acentuada por el arquitecto en la cubierta de la casa —una plataforma que se proyecta sobre el río Paraná— por contraposición: frente al recinto, la plataforma con vistas al mundo inconmensurable (Fig. 43).

Nada podría ser más diverso que la agónica búsqueda de extensión en los entornos abigarrados de las ciudades medievales europeas, una imposibilidad que se dirime en un juego de apariencias equívocas entre lo abierto y lo cerrado multiplicado en sus valencias. Iglesia lee en Quetglas (1991) la interpretación que hace del Pabellón de Alemania, con el que Mies van der Rohe representa la casa alemana moderna en la Exposición Internacional de Barce-

---

21 En igual medida, la acción limitativa está fuertemente presente en Heidegger, para quien la noción de límite deviene de la de espacio —*Raum*—. Para el pensador alemán, el espacio, como espacio creado —construido, en oposición al espacio abstracto matemático— lo es dentro de sus límites (1997: p. 37).

FIGURA 42 /

Casa en la Barranca.
Patio intermedio.
Fotografía: Gustavo
Frittegotto.

FIGURA 43 /

Casa en la Barranca.
Plataforma sobre la
cubierta. Fotografía:
elaboración propia.

lona, en 1929. Para Quetglas, el Pabellón —que, en apariencia, se muestra abierto, encarnando un espacio fluido hacia su exterior, constituido a sí mismo como una extensión de la naturaleza que lo circunda— es un espacio cerrado: "no hay límites al espacio virtual que construye [...] pero el espacio no por ello deja de quedar exactamente detenido, pese a la ausencia de obstáculos físicos que se opongan a su desarrollo" (1991: p. 73). La operación ensayada por Iglesia en la casa, al definir el espacio mediante dos planos horizontales coincidentes —piso y techo— y una envolvente de cristal, pareciera estar dedicada a explorar —en otro tiempo y espacio— la interpelación que le presenta Quetglas[22].

El plano del piso, que se separa del terreno de la barranca, define el espacio prismático de la casa. El plano de la cubierta convierte a este espacio en interior. Ambos limitan, segregan y cierran, separando el *Raum* respecto al espacio abierto e indefinido de la geografía pampeana. Al igual que en Mies, el cerramiento que lo confina "denota la voluntad de no permitir la contribución de las líneas verticales a la definición volumétrica de la arquitectura" (Quetglas, 1991:58). No obstante, mientras que el arquitecto alemán evita en su obra colocar pilares en las esquinas, Iglesia se niega siquiera a incorporar parantes en los encuentros de la carpintería de aluminio, eliminando la arista por completo e incrementando de esta forma la importancia de los planos horizontales en la definición del espacio (Fig. 44).

---

[22] Iglesia destaca el siguiente párrafo en su ejemplar de Quetglas: "Es un procedimiento constante en toda la arquitectura de Mies. Se trata de la disposición de uno o varios planos horizontales, destacados del suelo, donde el plano inferior siempre designa una superficie de bordes bien definidos, estrictos. Piénsese en una mesa o en una bandeja: ¿acaso el espacio que bordea una superficie no queda exacta y rigurosamente definido en sus cuatro lados, sin necesidad de parapetos de clausura verticales? No hay límites al espacio virtual que se construye, es cierto; pero el espacio no por ello deja de quedar exactamente detenido, pese a la ausencia de obstáculos físicos que se opongan a su desarrollo. Estar *en* ese espacio significa estar *sobre* uno de esos planos horizontales recortados; mientras que en la arquitectura wrightiana —para citar un caso de verdadera continuidad espacial—, estar en un espacio nunca significa estar sobre un suelo, sino que consiste en un activo estar *hacia* una o varias direcciones, precisas o ambiguas (1991: pp. 54-55).

FIGURA 44 /

Casa en la Barranca.
Vista esquina
exterior. Fotografía:
elaboración propia.

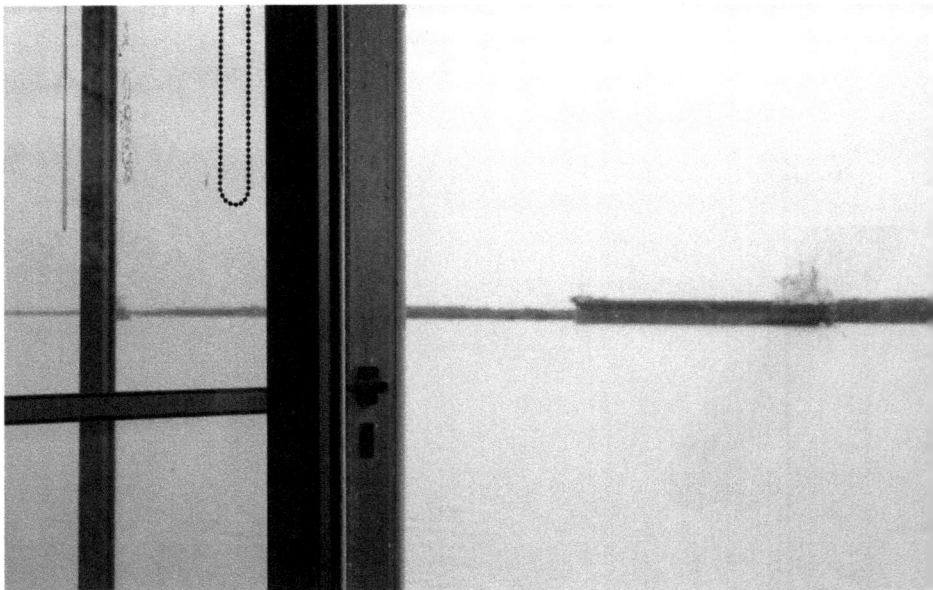

FIGURA 45 /

Casa en la Barranca.
Vista desde el interior.
Fotografía:
elaboración propia.

Desde el interior, apartado y de espaldas a la ciudad, el hombre observa las dimensiones inabarcables del río y las islas donde no se encuentra (Fig. 45). Ello nos remite nuevamente a Morales y a su definición de la casa como cobijo y objeción del hombre a lo indeterminado de lo abierto, distinguiendo entre "dentro" y "fuera", para permitir —estando a cubierto— la contemplación y comprensión de la exterioridad desde un espacio definido y limitado, donde "se nos aparece el hombre como el ser mediato y la arquitectura como la mediación que requerimos para poder estar en el mundo" (1992: p. 105). La misma noción es definida de manera similar por Le Corbusier y recuperada por Colomina, quien señala que, para el arquitecto "'la casa en un refugio, un espacio cerrado, que proporciona protección contra el frío, el calor y observación exterior' [...] un aparato con el que mirar el mundo, un mecanismo de visión" que pacifica el amenazante mundo de la naturaleza mediante una mirada tranquilizadora (2006: p. 32) En la Casa en la Barranca, con su posición erguida sobre una plataforma que se separa del perfil del terreno, Iglesia constituye márgenes, límites que suponen la fijación de confines y construye una centralidad desde donde experimenta el dominio de la vastedad de la llanura. No obstante —usando los términos que Quetglas emplea para el pabellón de Mies— "el exterior ha quedado negado como paisaje distante y se convierte en placa adherida a la ventana [...] en una representación óptica de sí mismo" (1991: p. 61).

Una observación atenta permite además verificar que las intervenciones de mediación entre el objeto arquitectónico y el solar, realizadas por Iglesia en la Casa en la Barranca (1998), Altamira (2000), el Quincho (2002) y el Pabellón de Sanitarios del Parque de Diversiones (2003), son análogas. En la primera, la barranca constituye el límite físico del llano sobre el Río Paraná. Tomando partido frente a dicha condición, el arquitecto apoya la casa parcialmente sobre la barranca y proyecta parte de su planta en voladizo, manteniendo la horizontalidad de la construcción y exacerbando el carácter del talud, en una composición estructural que representa su inaplazable caída.

En Altamira[23], una decisión equiparable es evidenciada por la viga inferior que se proyecta en el ingreso de manera horizontal sobre la pendiente natural del terreno, para denunciar y hacer presente su declive hacia el río (Fig. 46). Con esta acción, Iglesia plasma su voluntad de elevar la obra respecto del solar y con ello remite a la observación de Morales sobre el hombre alzado —"el ser que está sobre las cosas y sobre sí mismo"—, que complementa la idea del hombre separado y a cubierto. Para Morales, como constitutivo de la persona, "el alzarse sobre las cosas y sobre sí origina otro modo de separarse del contorno".

FIGURA 46 /

Altamira (2000). Viga sobre calle San Luis. Fotografía: Gustavo Frittegotto.

---

[23] A diferencia de lo planteado en otros de sus escritos, en la memoria de Altamira, es llamativa la omisión practicada por Iglesia respecto del tratamiento de la estrategia de ocupación del lote. No obstante, esto puede comprenderse a raíz de su voluntad de abordar exhaustivamente las cuestiones estructurales y del programa. Pese a ello, parte de la crítica arquitectónica ha atendido el problema. Por ejemplo, Mele (2005:138) describe que Iglesia "renuncia a ocupar la totalidad de la línea municipal y alinea los volúmenes sobre la medianera más alta; estos se abren hacia un espacio amplio y ganan visuales por sobre la vieja casona hacia el río". Sobre dicha acción apunta además Caballero que "se podría estudiar el edificio del Banco Israelita (1992) de Pantarotto, pegado a una medianera, y encontrar paralelos con el edificio de Rafa. Algo hay ahí, no una copia, pero sí la claridad de haberlo observado y adoptar algo de esa estrategia" (en Solari, 2019: p. 177).

Este separarse, en posición erguida, supone la colocación de una base de sustentación que, para el pensador español, encuentra correspondencia con aspectos del alzado pertenecientes a la arquitectura (1992: pp. 107-108). La ajustada intervención topográfica sobre la que se coloca una excelsa plataforma de mármol blanco, en el acceso al hall del edificio (Fig. 47), opera en el mismo sentido y representa el desarraigo necesario para la constitución del hombre como persona, despegado del suelo[24]. En el Quincho, una misma significación adquiere la losa que actuando de piso sirve para distinguir la obra del terreno sobre el que se asienta (Fig. 48).

---

[24] Iglesia lee y destaca de la interpretación realizada por Quetglas acerca de la obra de Mies: "en sus proyectos de los años Diez —en la casa Köller o en el Monumento a Bismark, por ejemplo—, la arquitectura no se definía asentada sobre el suelo sino elevada, distanciada desde una plataforma construida previamente, claramente extraña a las contingencias e inclinación del terreno natural. [...] Basta advertir, en la casa Farnsworth, por ejemplo, como Mies no permite ninguna línea o apoyo vertical capaz de pasar íntegramente de un plano horizontal a otro" (1991: pp. 56-57).

FIGURA 48 /

Quincho (2002). Vista
general. Fotografía:
Gustavo Frittegotto.

Una resolución equivalente es dispuesta por Iglesia en el Pabellón de Sanitarios del Parque de Diversiones (2003), al comple-
mentar un sutil terraplenamiento con un sistema estructural
que le permite separar el edificio del suelo en, prácticamente,
todo su perímetro (Figs. 49, 50 y 51). Para Morales, "el ser separado de su contorno, mediante el amparo y la protección, que
es la persona, se caracteriza pues, porque se alza sobre sí y sobre
el alrededor, 'distinguiéndose', en el doble sentido de apartarse
y sobresalir" (1992: p. 108). El hombre alzado establece además la dialéctica entre carga y sostén y pone en consideración
la estabilidad de la estructura: "la arquitectura, como técnica
del estar, es, en este sentido, técnica de las estructuras estables
para las distintas posibilidades de la habitación y de las acciones
humanas" (1992: p. 109). En consecuencia, el estudio de la geo-
metría y el razonamiento del hombre en función de las leyes de
la física tienen origen en la necesidad de edificar.

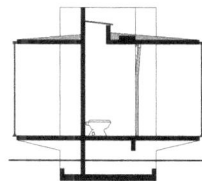

FIGURA 49 /

Pabellón de Sanitarios.
Parque de Diversiones
(2003). Sección
transversal.

/ 123

FIGURA 50 /

Pabellón
de Sanitarios.
Parque de
Diversiones (2003).
Vista exterior.
Fotografía:
Gustavo Frittegotto.

FIGURA 51 /

Pabellón
de Sanitarios.
Parque de
Diversiones (2003).
Vista exterior.
Fotografía:
Gustavo Frittegotto.

La frecuentación y el espacio público

Iglesia incorpora a su obra la noción de "frecuentación" en el sentido que le da Morales (1992). Sobre este término, el escritor español señala que "la sola presencia del hombre frecuentante genera arquitectura" (1992: p. 111). Esta expresión, relacionada con los desplazamientos humanos, contrarios a la fijación concerniente al establecimiento, encierra dos acepciones. Una, refiere a las primitivas formas de dominio representadas por la tierra apisonada por el paso reiterado del hombre que la convierte en suelo o camino. La pisada frecuente implica la demarcación del camino habitual que Morales define como "circulación" recurrente. Esta modalidad de frecuentación es considerada por el escritor como una actividad arquitectónica tan claramente establecedora como la propia de los trabajos constructivos (1992: p. 113).

Aclara Morales que la esencia del construir no se encuentra en el habitar —como propone Heidegger (1997: pp. 15-17)— sino que consiste en personificar. La personificación del hombre —en cuanto separado, protegido y alzado— se consuma gracias a la mediación arquitectónica:

> si el hombre edifica y en los recintos creados habita, un aspecto de la arquitectura, omiso por Heidegger, estriba en que el hecho de "construir" para sí lleva inalienablemente consigo el carácter expansivo de "poblar", que corresponde al habitar y ocupar con los demás (Morales, 1992: p. 114).

El habitar y el ocupar "con los demás" cobra especial relevancia en el partido general de la propuesta elaborada por Iglesia, junto a Suárez y Fuentes, para el Parque Hipólito Yrigoyen (2007). El parque, que una vez finalizado ocuparía un predio de diecisiete hectáreas, fuertemente fraccionado por el atravesamiento de las calles del tejido urbano, se proyecta en etapas. De la primera etapa, que implicaba la intervención de seis de las diecisiete hectáreas,

FIGURA 52 /

Centro de Iniciación
Deportiva. Vista general.
Fuente: archivo personal
Gustavo Farías.

sólo se construye el Centro de Iniciación Deportiva. En este edificio —intervención sobre un galpón existente— los arquitectos deciden despojar de ornamentos la fachada con el objetivo de poner en valor su estructura. En dicha operación, en la que además deshacen la composición simétrica original, incorporan una viga de hormigón con la que definen una nueva manera de ingresar y les permite asimismo alojar, por debajo del lado más largo del galpón, un bloque de vestuarios y baños públicos en el que reelaboran la forma estructural proyectada por Iglesia para el Pabellón de Sanitarios del Parque de Diversiones (2003) (Fig. 52). Explican:

> En cuanto al edificio que se recicló en esta instancia, decidimos operar sobre la estructura del galpón, ya que entendemos que ésta es la que se mantiene a través del tiempo. Nos preocupa esto y no las molduras ni la forma. Como en el caso de los fósiles, es el último testimonio. A partir de aquí se puede construir una historia. Tenemos que dejar buenas ruinas (Iglesia, 2016d: p. 63).

No obstante, una de las claves del proyecto se encuentra en la composición de una grilla tridimensional de circulaciones, que atraviesa la totalidad del terreno, conectando las distintas áreas

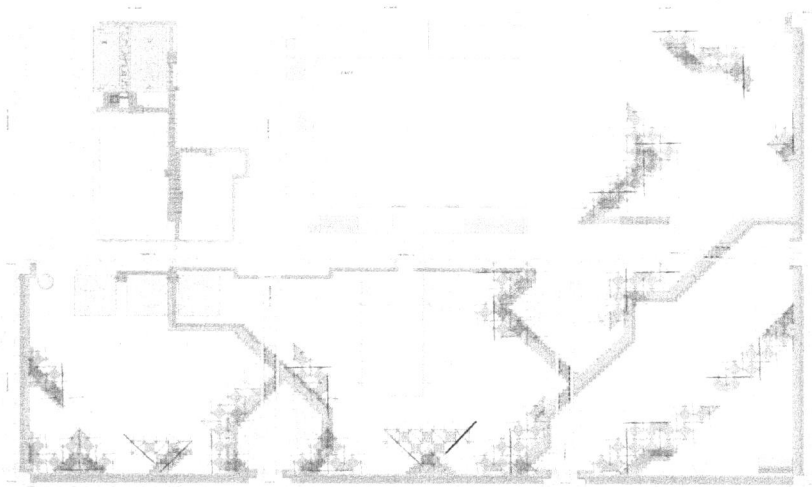

y lugares de "estar a la sombra" (Fig. 53). Dicen los autores en la memoria de la obra:

FIGURA 53 /
Parque Hipólito
Yrigoyen.
Planta general.

> El predio está conformado por una cuadrícula con manzanas regulares, lo que provoca la fragmentación del área a intervenir. Presenta en su interior manzanas consolidadas y en su perímetro manzanas libres destinadas a espacio público. [...] Ante la necesidad de superar la fragmentación de la planta del sector debida a las calles que la atraviesan, se decidió utilizar una estructura tridimensional que unifique espacialmente el amanzanamiento existente. Tratamos este espacio público no solamente como un piso, sino como si tuviera las características espaciales de un edificio. A partir de esta premisa trabajamos con las distintas escalas y pusimos énfasis en el valor de la sombra para una ciudad donde existen altas temperaturas. Optamos por dar sombras sin árboles (2016d: pp. 61-62).

Siguiendo a Morales (1992), la noción de poblar implica la constitución de "lo público", el trato entre muchos, la existencia de lugares abiertos para el hombre colectivo que complementa su personificación al "ser con los demás". Las circulaciones que aparecen en el proyecto del Parque Hipólito Yrigoyen recrean la acepción propuesta por el pensador español para el término "frecuentar", con vistas al tránsito hacia los lugares de encuentro. La misma operación implica, fundamentalmente, una intervención en una ciudad que, como Iglesia subraya en Berger, está llena de lo inesperado, de extraños encuentros cuyos inicios han sido lugares de intercambio (Berger y Harvey, 2007: p. 32).

Dando forma material a estas ideas, los arquitectos disponen emplazamientos destinados a la comunidad, escenarios propicios para el trato y la comunicación, áreas de reunión a las que se llega circulando por caminos de arcilla cocida —ladrillos cerámicos que remiten a la tierra apisonada a la que refiere Morales— (Fig. 54). Estos enclaves, definidos por la sombra arrojada por enredaderas que crecen sobre pérgolas metálicas (Fig. 55), nos recuerdan un párrafo que Iglesia subraya en su lectura de Martínez Estrada:

> El ombú es un árbol que sólo da sombra, como si únicamente sirviera al viajero que no debe quedarse y que reposa. Su tronco grueso, recio y bajo, es inútil, esponjoso, de bofe. [...] No se extrae del él la madera [...] No puede hacerse de él vigas para el techo, ni tablas para la mesa, ni mangos para la azada, ni manceras para el arado. No tiene madera y más que árbol es sombra (1993: p. 71).

De manera concurrente, el interés de Iglesia por el espacio público se conjuga con su preocupación por una proclama social creciente respecto de la seguridad. En la memoria del Pabellón de Sanitarios del Parque de Diversiones, explica que, además de cumplir con la función de contener los baños públicos, oficinas y depósitos, el edificio actúa de linterna por la noche (Fig. 56) iluminando un sector del parque que hasta entonces había permanecido a oscuras (Iglesia 2016c: p. 46). De manera semejante,

FIGURA 54 /

Parque Hipólito
Yrigoyen.
Caminos de ladrillos.
Fuente: archivo
personal Gustavo
Farías.

FIGURA 55 /

Parque Hipólito
Yrigoyen.
Pérgolas construidas
en el Centro de
Iniciación Deportiva.
Fotografía:
elaboración propia.

FIGURA 56 /

Pabellón de
Sanitarios.
Vista nocturna.
Fotografía:
Gustavo Frittegotto.

FIGURA 57 /

Pabellón de Sanitarios.
Vista diurna.
Fotografía:
Diego A. Susan.

durante el día, manteniendo la intimidad necesaria, el cerramiento translúcido permite reconocer y observar las siluetas de las personas en su interior, dando seguridad y a la vez convirtiendo a la arquitectura en obra teatral (Fig. 57).

Como lo entiende Silvestri, este largo pabellón en la entrada del parque no deja de resultar irónico, en tanto que aquello que se exhibe y se hace público es uno de los más íntimos momentos de la vida (2006: p. 27). En todo ello, el rol de la estructura es determinante. Dicha estructura está compuesta por un tabique central zigzagueante —que aloja los boxes de sanitarios— y dos losas en voladizo —piso y cubierta— (Fig. 58). Por su parte, la envolvente es materializada con perfiles autoportantes de vidrio translúcido (Fig. 59). Sobre esta obra señala Liernur que "Iglesia pone aquí en práctica su procedimiento vanguardista predilecto: la inversión de los sentidos comunes a la búsqueda de efectos inesperados. La oscuridad habitual de los toilettes públicos se transforma en una

FIGURA 58 /

Pabellón de Sanitarios.
Planta.

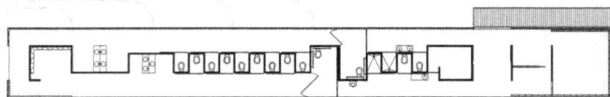

lámpara; lo oculto —circulaciones— se exhibe" (2006b: p. 6).
Acerca de este edificio, escribe Iglesia que

FIGURA 59 /

Pabellón de Sanitarios.
Vista interior.
Fotografía: Gustavo
Frittegotto.

> su estructuración interna permite, por un lado, el grado
> de privacidad que requieren estos ámbitos y por otro, el
> vidrio traslúcido hace visibles las siluetas a través de él y
> con ello la circulación interna, de manera que quien esté
> afuera puede ver si hay alguien en el interior del local.
> [...] El edificio se mantiene de hormigón visto en su ex-
> terior tanto como en su interior, buscando contrastar
> la rusticidad del hormigón y el quebracho colorado de
> las mesas con las superficies pulidas y brillantes del
> vidrio y el acero inoxidable que ofician de espejos que
> confunden fondo y figura a la manera de Magritte en
> "La condición humana" (2016c: p. 46).

Si bien, como lo explica Silvestri, "no es la primera vez que, en
la arquitectura moderna, el repertorio surrealista se propone
en este papel de inversión de la imagen convencional, convirtiendo un espacio cotidiano en inquietante" (2006: p. 27),
Iglesia devela aquí su apelación a una fuente poco habitual en
su programa creativo: la obra pictórica; en este caso, la de René

Magritte. Al igual que *El imperio de las luces* (1954), el Parque de Diversiones (2003) evoca la oscuridad de la noche y la claridad del día como mundos fascinantes y contrapuestos —la ambigüedad de un paisaje nocturno bajo un cielo soleado—, relación de contrarios que conviven en una misma imagen siendo extraños entre sí (Figs. 60-61). Según lo explica Meuris "la luz y su ausencia son para Magritte el origen de los mecanismos del misterio. La facultad del día y de la noche para 'encantarnos' —dicho precisamente a propósito de *El reino de las luces*—, es el poder de la poesía" (1997: p. 42). Como resultado, a primera vista el edificio desaparece, los troncos se confunden con la vegetación del fondo y permanece a la vista sólo la línea de la losa de hormigón.

Esta confusión de luces y sombras es la que Iglesia rescata resumiendo su primera visita al predio:

> Cuando visité el lugar, la primera impresión que tuve fue el notable contraste de la luz del día —visible desde el cielo— y la sombra cerrada bajo la arboleda que sumía al terreno en una noche imposible, a la manera de las pinturas de Magritte que corresponden a la serie "El imperio de las luces". Por otro lado, bajo la masa oscura del follaje de la arboleda, la luz pasa recortada a través de los troncos a la altura humana. Una luz compartimentada, cuyo flujo está sujeto al ritmo que le imprimen los troncos —tal como se la ve en las arboledas al costado de la ruta—, una luz rasante que parece perseguirnos a través de las líneas verticales de la vegetación. En esa alternancia entre luces y sombras está el proyecto (2016c: p. 47).

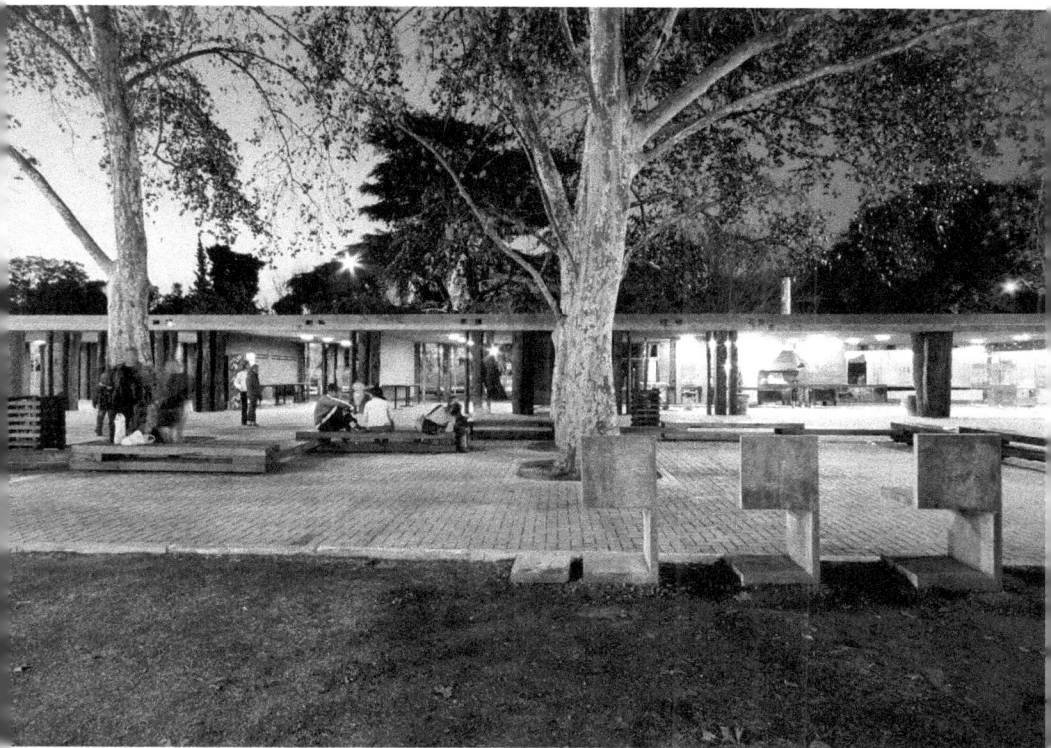

FIGURA 60 /

Pabellón de Fiestas.
Parque de Diversiones
(2003). Fotografía:
Gustavo Frittegotto.

El programa arquitectónico

En el último tiempo, se ha vuelto un lugar común —y no sólo en el círculo "siempre listo" de las ciencias sociales— declarar, con grados variables de solemnidad y engolamiento, que estamos asistiendo a un *cambio de época*. [...] El problema obvio que se presenta aparece bajo el enunciado de otro lugar común: el de la caída de los "viejos paradigmas" frente a "nuevas realidades" para explicar las cuales no tendríamos la batería conceptual —e incluso nominal— necesaria. ¿Cómo nos hacemos cargo, entonces, de las nuevas "cosas" con las viejas "palabras"? [...] Si esto es así, no se trata tanto de redefinir nuestras "palabras" como de redefinir aquel "contexto de interpretación".[25]

Eduardo Grüner (1996)

Pérez Oyarzun expresa que, a un siglo de la restricción propuesta por Adolf Loos, "la cuestión de la aptitud de un programa para ser objeto de tratamiento arquitectónico persiste como una de esas problemáticas permanentes de la arquitectura" (2002: p. 6). Pese a ello, postula que las posibilidades arquitectónicas de un determinado programa no pueden ser establecidas *a priori* y prefiere "considerar grados muy diversos y sentidos muy variados en que un determinado programa puede ser intensificado por la arquitectura". Finalmente, parafraseando a Louis Kahn, se pregunta: ¿"qué tiene la arquitectura para ofrecer a un determinado programa"? (2002: p. 6). Ese es el camino que Iglesia comienza a transitar, tardíamente, con el edificio Altamira:

el movimiento moderno no sólo nos dio una estética sino una ética: es decir, en una casa-habitación la especificidad

---

[25] El párrafo es marcado por Iglesia en su ejemplar del libro de Grüner (1996).

de las funciones nos indica que hay un dormitorio para los padres (para la procreación), otro para los hijos —dos, si fueran de distinto sexo—, un ámbito común, etc. En el edificio lo que intento poner en cuestión es esta especificidad de funciones, porque el núcleo familiar ya no es lo que era, lo cual, sin duda, impone otra ética (2016b: p. 32).

El encargo del edificio le da a Iglesia la oportunidad de dar forma a la pregunta que formula en el ensayo titulado "Ex-perimento": "¿es la forma lo que diferencia a un edificio cuando hay tantas otras que pueden diferenciarlo?" (2008b: p. 33). Conjeturamos que esta obra es un ensayo —en el sentido que Iglesia le da al término al leer a Borges (1975)— en el que, según dice, "hay un momento irresponsable respecto de la igualmente falsa responsabilidad hacia las verdades establecidas [...] para justificar limitaciones y/o procedimientos cómodos, aunque estériles" (2008b: p. 33). Para Iglesia, el Estado de Bienestar moderno, la idea de progreso, sostienen la estructura de una familia tipo, ideal, la del matrimonio y sus dos hijos. Entendiendo que este núcleo se ha licuado, propone un programa abierto que pone en cuestión la ética y la especificidad de funciones del programa de habitación de la modernidad. Da cuenta de un modelo de familia que hemos abandonado y de la incertidumbre que le representan las formas parentales contemporáneas. Cuestiona los principios de una sociedad que ya no existe —la de la modernidad— y da cabida a un grado de indeterminación funcional poco habitual en edificios destinados a unidades de vivienda.

Al estudiar la planta del edificio (Figs. 62-63), en donde la definición de funciones es mínima, se advierte un mismo espacio que puede ser utilizado para diferentes actividades en tiempos diferenciados. Para su composición, Iglesia incorpora representaciones simbólicas que toma de sus interpretaciones de los ensayos de Morales; por ejemplo, en un único artefacto (Fig. 64), incluye el lugar para cocinar —del fuego, que alude a la reunión del hombre primitivo

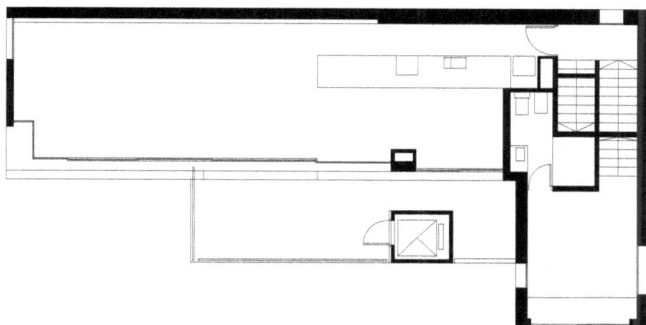

FIGURA 62 /

Altamira (2000). Planta pisos impares (3-5-7-9).

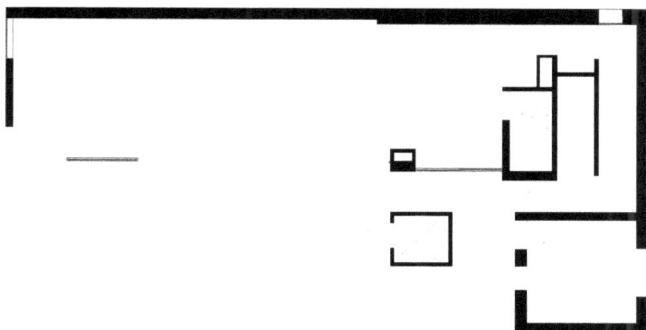

FIGURA 63 /

Altamira (2000). Planta pisos pares (2-4-6-8-10).

a su alrededor—, con el de comer, la mesa, aglutinante del grupo humano consanguíneo que comparte el alimento (Morales, 1992: pp.110-111). Por otro lado, en las plantas pares, la decisión de erigir un espacio de clausura, apartado y constituyente de la intimidad del dormitorio, en lo más profundo y retirado de la planta, remite

---

26 Señala Morales que "el hombre, para cubare o 'acostarse', requiere siempre del cobijo que le brinda la arquitectura en los recintos de la intimidad, que son, a la vez, los de la seguridad mayor, puesto que en ellos se llega al sumo abandono del sueño. [...] Cubrirse y cobijarse son, por lo tanto, sinónimos, y se vinculan directamente con el lecho, con la yacija o lugar en que se yace. Por ello, el lecho —de lectus— es 'el lugar elegido', el sitio 'dilecto', puesto que el carácter superior de la arquitectura, propio de la casa, adquiere con él su significado más fuerte, en la plenitud de lo íntimo" (1992: pp. 110-111).

FIGURA 64 /

Altamira (2000).
Fotografía interior.
Fuente: archivo
personal Gustavo
Farías.

también, según Morales, al ancestral requerimiento del hombre de cobijo y seguridad[26].

Para Liernur, lo infrecuente de esta obra, es que alberga en su interior

> una respuesta original al modo de habitar contemporáneo, que contesta de manera contundente y en todos sus detalles la agotada tipología del edificio de departamentos entre medianeras de propiedad horizontal. No solamente los accesos rompen la secuencia habitual al transformar la circulación habitualmente pública en terraza/patio privado. En ella se brinda además la posibilidad de separar un segmento de la vivienda —para un hijo adolescente, para un estudio profesional, por ejemplo—, a la vez que con esos mismos elementos se construye en una superficie mínima un complejo dispositivo espacial. (2006b: p. 6)

De esta forma, y a diferencia de la inmensa mayoría de los edificios de departamentos en los que el acceso se da por medio de circulaciones verticales ubicadas en el centro de la planta y oscuros corredores, el ingreso a las unidades se formaliza desde espacios intermedios que, como apunta Jorge Mele (2005: p. 146), constituyen un umbral que permite la llegada del ascensor a los diferentes niveles del edificio (Fig. 65). Con ello y tal como lo identifica inicialmente Diez (2003b: p. 179), Iglesia rompe con la encrucijada claustrofóbica en que había quedado encerrado el departamento pequeño. Al igual que en las casas de pasillo, estos patios elevados, sirven para articular y dar también acceso al ambiente independiente del espacio central de la vivienda. Una voluntad similar se verifica en la articulación realizada por el arquitecto entre la construcción del emplazamiento y la constitución de espacios intermedios, en la Casa De la Cruz (2008). En la planta baja (Fig. 66), donde se alojan los espacios para cocinar, comer y estar, Iglesia compone un recorrido procesional que atraviesa una galería de límites difusos —dados por el piso y la sombra arrojada por la planta alta—, un lugar donde comer contenido entre dos muros portantes y el entrepiso y un patio íntimo que se cierra sobre sí mismo, hacia el frente de la casa. Pero fundamentalmente, el recinto ciego constituido por esta obra (Fig. 67), puede comprenderse como la exploración de una forma arquitectónica posible para la noción de intimidad como clausura y —en palabras de Quetglas (1991: p. 72)— "exclusión defensiva", tan primitiva como la de aquellos habitantes precolombinos, solitarios y "siempre alertas a los peligros innumerables" que "llegaron a la arquitectura y a las fortificaciones por la

FIGURA 65 /

Altamira.
Vista del acceso
al último nivel.
Fotografía: Gustavo
Frittegotto.

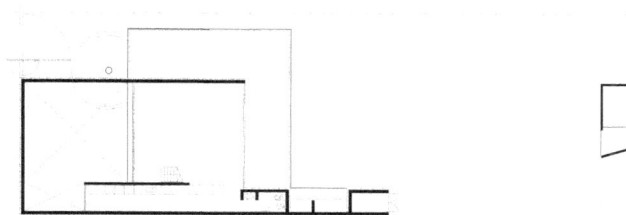

FIGURA 66 /

Casa De la Cruz
(2008).
Planta baja.

necesidad de poner una barrera al mundo que los rodeaba", que le presenta Martínez Estrada (1993: p. 52).

Otra oportunidad para reflexionar se presenta cuando dinamita un programa cosificado por la arquitectura. En el marco de un espacio de la fiesta, del absurdo, como es un Parque de Diversiones, con aparente voluntad de cuestionar las formas prefiguradas para el programa en cuestión, Iglesia ubica los baños en un sector privilegiado de la planta. Al hablar de ello en la memoria, se permite hacer una referencia al poema épico griego, escrito por Homero en el siglo VIII a.C.: la *Odisea*. Escribe Iglesia:

> El primer pabellón se ha emplazado al ingreso del parque. La ubicación de los baños es un tema aparte, ya que siempre se les asigna el lugar más oscuro, cuando no el más sórdido. Recluidos en el peor de los sitios, aquél que solemos identificar como "al fondo a la derecha" —o a la izquierda, pero siempre al fondo–. No podría decir aquí cuánto hay de esta elección, del dictado moral o de la cultura, lo cierto es que, ya en los tiempos de Homero, los baños ocupaban su lugar al fondo del salón principal —megaron– y a su derecha, tal como aparecen descriptos en la "Odisea".
> Así las cosas, hemos hecho con ellos una operación que ya aparece en trabajos anteriores: sacar a la luz ámbitos que permanecen ocultos asignándoles nuevos lugares (2016c: p. 46).

El pabellón de sanitarios es higiene, es clasificación de los sexos —que en este caso se entrelazan—, es intimidad burlada por las transparencias, es referencia a una actividad biológica, rutinaria, fundamental para la salud, pero insólitamente vergonzante, negada, oculta con los recursos hipócritas del disimulo, mientras que aquí queda expuesta sin ambages.

FIGURA 67 /

Casa De la
Cruz (2008).
Fachada.
Fotografía:
Gustavo Farías.

El campo expandido de la arquitectura

En 1998, Iglesia subraya en Meuris que

> Magritte actuaba como si su representación realista y sus asociaciones debieran provocar en nosotros el interrogante esencial que plantea el presentimiento del misterio. "El logro de una obra", escribió a finales de 1926, "parece depender bien poco de su punto de partida y de las dificultades de su ejecución. Un cuadro terminado es una sorpresa, y su autor, el primer sorprendido" (1997: p. 103).

En un sentido análogo al propuesto por Valéry (1990) para su definición de poética, Moneo apunta —e Iglesia subraya, en la introducción al libro de Quetglas (1991: p. 11)— que "el artista, o el arquitecto, no controla por completo su trabajo, intuye lo que quiere decir, pero rara vez llega a formularlo, siendo, en última instancia, instrumento, si bien relevante, en la producción de una obra que sólo en parte gobierna". Además, distingue —como lo hace Valéry—, al productor de la obra y a ésta del espectador. De manera consecuente, da entrada a un nuevo protagonista, "el espectador, quien deberá dar razón de lo que ocurre en cuanto que intérprete" para lo que entiende es "la nueva condición de las obras de arte, de algunos edificios, en los que el espectador, el intérprete, el crítico ha comenzado a ser protagonista" (1991: pp. 9-13). Todo ello entra en relación con aquello que el mismo autor identifica —e Iglesia destaca— como "el paso del sujeto al objeto que protagonizaron las vanguardias y que llevaría a comprobar, más tarde, la soledad radical tanto de la obra como de quienes la produjeron" (1991: p. 14). Iglesia marca expresiones semejantes en "Cartas a un joven poeta": Rainer Maria Rilke argumenta, por ejemplo, que los artistas, "en el fondo, y precisamente en las cosas más profundas e importantes, estamos indeciblemente solos" y que "las obras de arte son de una infinita soledad" (1996: p. 41). Una idea equiparable lee en Barthes, quien postula la independencia del autor respecto de la obra literaria, al expresar que "como institución el autor está muerto, [...] ha desaparecido; desposeída, ya no ejerce sobre su obra la formidable paternidad cuyo relato se encargaban de establecer y renovar, tanto la historia literaria como la enseñanza y la opinión" (1991: p. 46).

Esta escisión trágica del autor y la obra es, al parecer, una obsesión. También está presente en un fragmento y en este aislamiento ineludible entre gesto y efecto, entre acción y recepción, en la que habría de ser su última obra construida. La Clínica de Fertilización Asistida (2008) es una reforma concentrada en el plano de la fachada. Sobre dicha superficie, Iglesia decide desplegar un revestimiento de chapa de acero inoxidable pulido (Fig. 68), de poco espesor, oscilante, impreciso, para explorar las posibilidades de una plástica próxima a la del arte. Esta incursión en la que la reproducción biológica es asimilada, a través de un giro metafórico perverso, con la reproducción de la imagen, se sostiene en lecturas de Borges (1975), Foucault (1984) y Quetglas (1991).

Dice Iglesia en la memoria:

> Esto que no sé qué cosa es, esconde detrás una clínica de reproducción asistida. Reproducción. Donde tiene más valor la idea que el contenido, el significado como principio constructivo. El reflejo como metáfora de reproducción. Por Borges que los odiaba, "los espejos y la paternidad son abominables porque lo multiplican y lo divulgan"[27] (2012).

Pero este gesto de rabia, de descreimiento hacia lo humano como especie, es en realidad un alarido desesperanzado frente a la evidencia de la futilidad de la vida, aún del artista constructor. Todo ello lo lleva a preguntarse por el sentido del edificio mismo, su función, su destino:

---

[27] La cita de Borges corresponde a un fragmento de "El tintorero enmascarado" (1975: pp. 156–160).

Una arquitectura incapaz de dejar una huella un rastro para poder reconstruir un pasado. ¿Es arquitectura? Una obra que no tiene forma, que no se preocupa por la distribución de pesos [...] sólo se dedica a-sombrar, a ignorar la gravedad. Su imagen se muestra inhabitable, un imposible espacio de reflejos. Y aunque refleja, no es un espejo, aunque mira y es mirada, no reproduce: interpreta.

[...] Nada hace suponer que es habitable, no hay puertas, ventanas, cornisas, todo eso que diferencia a la arquitectura de una escultura o de un monumento. Estos —los monumentos— apelan al recuerdo, la conmemoración. El espejo no tiene memoria, su imagen cambia constantemente. Es incapaz de retener un recuerdo.

[...] Es un parásito que consume imágenes. Así como la arquitectura es el reflejo de la sociedad que cobija, de su pasado, esta —la fachada— actúa de manera inversa. Es el reflejo de lo que sucede a su alrededor y siempre en presente. [...] La imagen que en ella aparece es la realidad de un mundo irreal, contradictorio. [...] Esta fachada no tiene memoria. [...] Sin memoria se pierde la continuidad del significado (2012).

Para Borges, "los espejos y la cópula son abominables, porque multiplican el número de los hombres" (1975: p. 260), son cristales impenetrables, superficies silenciosas, insomnes y fatales, que nos imitan y propagan innecesariamente. Son imposibles espacios de reflejos. Una creación de Dios para alarmar a un hombre que siente que es reflejo y vanidad. Para Quetglas, los espejos representan "planos de espesor profundísimo" que se "abren no a cuanto tienen enfrente o atrás sino a fondos insondables, ventanas hacia otra naturaleza". Sobre el espejo, los límites de la representación vacilan entre realidad y ficción: entre el carácter meta-ficcional de la realidad y su inversa, el carácter meta-real de la ficción. Los espejos alojan aquellas dos ideas en apariencia contradictorias que propone Eulàlia Bosch (2013); la primera, que lo visible no existe en ninguna parte y, la segunda, que la realidad se hace visible al ser percibida. La Clínica está hecha de reflejos. Iglesia subraya en Quetglas que "con reflejos sólo se construyen espejos" y que éstos succionan al observador, que se convierte en espectador de sí mismo (1991: p. 65): "espejos, disipadores de salas, que vacían, diezman todo el interés al otro lado del cristal, que orientan el deseo, irrefrenablemente orientan, pero en la dirección que nunca va a poderse seguir: al otro lado del espejo" (1991: p. 67). Con el espejo, Iglesia da expresión a un espacio irreal pero que existe realmente —la imagen reflejada y deformada de un espacio real—, y nos coloca —en los términos que toma de Foucault (1984)— entre la virtualidad y la realidad (Fig. 69).

Frente al espejo, el espectador tiene la ilusión de penetrar en otro espacio. Con una estética signada por el camuflaje, el plano de fachada de la Clínica es un espacio ávido de acontecimientos y de reproducción de lo urbano que incomoda y se presenta dual. Su imagen intangible es irreductible a objeto. Es un límite en el que nada termina, una ventana para la percepción de un presente fugitivo depositado en lo visible —porque el espejo no tiene memoria—. Existe a partir del otro. Hace visible al espectador; como propone Quetglas: "un personaje cuyo papel consiste, sobre todo, en considerarse a sí mismo" (1991: p. 65) y que "una vez ahí descubre ser él mismo quien representa lo mejor de la acción" (Quetglas, 1991: p. 79).

El encargo de esta obra parece servirle a Iglesia para despistar a quien quiera seguir el rastro seguro de la unicidad de significados. El arquitecto dice que en esta obra el significado es el principio constructivo; que ha hecho uso del contexto despreciando la noción de lugar y que podría estar en cualquier parte, siempre narrando de otra manera aquello que sucede a su alrededor (2012). Aparentemente, este edificio, que conjuga nociones universales

FIGURA 69 /

Clínica de
Fertilización
Asistida
(2008).
Fotografía:
Gustavo
Frittegotto.

del arte con formas productivas locales, no puede comprenderse en los términos de sus indagaciones lúdicas acerca de las formas estructurales. Como propone a fines de la década de 1970 Rosalind Krauss para las nuevas formas del arte y la escultura, resulta fácil ver que el arquitecto se mueve con naturalidad más allá del dominio definido por la exigencia modernista de la arquitectura y que su práctica no se limita a un medio dado, sino que entra "en relación con las operaciones lógicas en una serie de términos culturales, para los cuales cualquier medio […] puede utilizarse" (2015: p. 72).

Al respecto, Valeria Jusid (2017) explica que es en la observación y el rescate de las obras del *Land art* y del Minimalismo y siguiendo un pensamiento que se acerca al "camino de la tectónica, donde se va a producir la recuperación del campo expandido[28]" por la arquitectura (2017: p. 6). Para Jusid, piezas singulares, como los pabellones del Parque de Diversiones (2003), se ubican en una zona gris y dan cuenta de una línea de actuación que se entrecruza con ciertas prácticas del arte —especialmente del arte conceptual—. Arte conceptual que transforma al objeto de arte, entendido no como objeto de contemplación sino como objeto autónomo, de interrogación. Allí es donde las líneas de investigación de Iglesia se cruzan. En esta obra, el espejo y su efecto de retorno no se limitan a separar un exterior de un interior, sino que exceden la operación material. El espejo, precisamente, no ofrece nada más que imágenes, puras imágenes, es decir, creaciones —para Massimo Cacciari "hablando propiamente, el espejo crea"[29]—. Falseando la realidad, estas imágenes posibilitan aquella otra construcción, significativa y

---

[28] El término es acuñado por Krauss y aparece en "La escultura en el campo expandido" (1979).

[29] Cacciari señala, acerca de la teoría de Platón de imitación como reflejo en el espejo, que "lo que produce el espejo son simples 'fenómenos' —*phainómena*—, no seres —*taonta*— según la verdad —*alétheia*—, conformes a verdad. […] Lo que aparece en el espejo —lo que constituye el fenómeno del espejo— no es conforme a la verdad, su ser no es el ser en verdad. […] El fenómeno —los *phainomena* del espejo— indica pues un negativo, una ausencia: lo que no tiene la consistencia real del 'que es'. Los *phainómena* son las cosas en su no-aparecer de verdad" (en Oliveras, 2004: pp. 74-76).

mental: nos presentan en un lugar en el mundo que nos circunda. Una reproducción de lo visible que incluye al observador dentro del mundo de lo observado (Fig. 70). Un registro temporal en el que se percibe aquello que le ocurre al verse —el espejo contiene un cierto tiempo y su experiencia—. Una realidad que al ser visualizada podrá interrumpir su relato histórico para ser transformada. Y todo ello gracias a la reflexión que es, también y fundamentalmente, la acción y el efecto de pensar.

FIGURA 70 /

Pabellón de Sanitarios. Parque de Diversiones (2003). Mingitorios. Fotografía: Gustavo Frittegotto.

Tercera parte

Hace falta una solución que nos libere de parecernos a los demás. Hoy consiste en parecerse únicamente a uno mismo[30].

Jean Baudillard (1987)

America[no] del Sud

Como ya mencioné, en la década de 1990 Iglesia participa de la organización del congreso "La construcción del pensamiento" y de la realización de ciclos de charlas de los que toman parte arquitectos españoles, portugueses, escandinavos y argentinos. Los intercambios propiciados por estos encuentros promovidos por el Grupo R, le brindan la posibilidad de poner en discusión modos de ver y hacer arquitectura y sentirse parte de un entramado de vínculos interpersonales con referentes de peso en la esfera internacional (Berrini y Solari, 2018).

El último de los ciclos se lleva a cabo el mismo año en que Iglesia y Benítez son nominados y acceden a las instancias finales del 2do. Premio Mies van der Rohe de Arquitectura Latinoamericana. Su acercamiento a un conjunto de arquitectos de la región coincide con la difusión internacional de sus obras. Por ejemplo, el inicio de la relación entre Benítez e Iglesia se da por intermedio de Pablo Beitía en el contexto de los ciclos de charlas organizados por el Grupo R, pero se afianza con el descubrimiento de afinidades litoraleñas, de cierta indolencia que parece confiar algunas cosas al arbitrio de la vida... En palabras iluminadas de Caballero: "Creo que con Solano [Benítez] sintonizaba en esa relación paraguayo-correntino. Había algunas de estas cuestiones que tenía muy incorporadas: la cultura litoraleña, Ramón Ayala... ese aparente desinterés que parece decir que la vida acomodará las cosas" (en Solari, 2019: p. 177). En tal sentido son relevantes los recuerdos

---

[30] La cita, que corresponde a Baudillard y que es tomada por A. Gasquet y M. Cuccorese de *El otro por sí mismo*, es marcada por Iglesia sobre el margen derecho de su ejemplar de *Ensayos profanos* (1994: p. 63).

de su infancia en la provincia de Corrientes, que Iglesia evoca en
la memoria del Parque de Diversiones:

> mientras proyectaba este pabellón tuve también muy presente la imagen de los ranchos arreglados para el festejo de un cumpleaños. Recortada sobre la llanura, la mancha marrón del rancho se transforma con los colores de los globos y las guirnaldas que hacen su trabajo aún en la casa más modesta. Soslayando las clases sociales y presupuestos dispares, globos y guirnaldas son, donde quiera que estén, señal inequívoca del festejo (2016d: pp. 48-49).

Para Rigotti, Iglesia es "el dignísimo representante de una esperanza marrón, ya desembarazada de la responsabilidad de hacer obras constitutivas de una identidad cultural reificada como presupuesto, de las altisonancias y dicotomías de décadas pasadas y sus formulismos adjetivados sobre lo propio y lo ajeno" (2015: p. 131), encarnando,

> tal vez sin proponérselo, la productividad de las tres "T" —telúrico, táctil, tectónico— que Frampton imaginaba podrían germinar en enclaves lo suficientemente distantes de las usinas de la industria cultural como para resistir su efecto homogeneizador y banalizante. Podrían servir de verificación a esta teoría, pero se niegan a comprometerse con su difuso proyecto de resistencia crítica (2015: p. 132).

Miquel Adrià (2008) marca el territorio de disputa: el lugar contestatario que habían ocupado algunos miembros de los Seminarios de Arquitectura Latinoamericana —entre otros, Marina Waisman, Ramón Gutiérrez, Cristian Fernández Cox—. quienes reivindicaban los atributos de una escurridiza identidad basada en la diferencia, empieza a ser opacado por arquitectos jóvenes como

Caballero, Bucci, Mathias Klotz, Smiljan Radic y Alberto Kalach, que exponen en su hacer actitudes innovadoras (2008: pp. 227-228). En su escrito, el arquitecto catalán resalta fuertemente la densidad alcanzada, por ejemplo, por las elaboraciones del grupo de la Pontificia Universidad Católica de Chile —Klotz, Radic, Felipe Assadi y Puga—, el trabajo corporal y muscular al que da lugar Mendes da Rocha en Brasil y lo realizado, en un mismo sentido —aunque en una escala menor—, por Iglesia en Argentina (2008: p. 229). Para Adrià, estos arquitectos comparten un cierto pragmatismo regional, estrategias dirigidas a una realidad tangible y una arquitectura construida con los instrumentos dados por los modos locales de producción.

Afinidades descubiertas, intereses compartidos, la red va transfigurándose en una suerte de colectivo espontáneo de arquitectos latinoamericanos, liberados de las presiones del compromiso político y del éxito comercial, que confluyen en talleres, encuentros, congresos y bienales de arquitectura y son considerados como novedad por periodistas inquietos que buscan alternativas al *star system* y a las opacidades teóricas del posestructuralismo. El evento que los consolida como fenómeno consagrado es el Congreso Internacional de Arquitectura Latinoamericana desarrollado en Rosario los días 6, 7 y 8 de octubre de 2010. Allí se reúnen y disertan, entre otros, Kalach (Perú), Assadi (Chile), José Manuel Carvalho Araujo, Bucci y Carla Juaçaba (Brasil), Martín Gualano (Uruguay), Benítez y Daniel Bonilla (Paraguay), José María Sáez Vaquero (Ecuador), Ricardo Sargiotti, Caballero e Iglesia (Argentina) (Fig. 71).

A excepción de las presentaciones de jóvenes emergentes como Juaçaba, presencias como la de Iglesia —desgarradoramente limitado por su reciente accidente cerebrovascular— y sus conferencias junto a Caballero y Benítez pueden comprenderse como el *memento moris* de lo que alguna vez fue una aventura "irresponsable". Ya consagrados desde hace años por la crítica, firman autógrafos, muestran a las próximas generaciones lo que

FIGURA 72 /

Afiche de difusión
del ciclo de charlas
"Giro America[no]
del Sud" (2013).
Fuente: archivo personal
Gustavo Farías.

fue y unen en pacífica coincidencia distintas aproximaciones a la condición física, gravitacional y constructiva de la arquitectura. Como en los *World Tours* a los que nos tienen acostumbrados los Rolling Stones y tantos otros rock stars, tres años más tarde, en 2013, la Fundación Obras decide organizar una gira que tiene como protagonistas excluyentes a Aravena, Benítez, Bucci, Iglesia, Sargiotti y Sáez Vaquero. El propósito del denominado "Giro America[no] del Sud" (Fig. 72) es el de la realización de una serie de conversatorios en el marco de un recorrido en micro que, a lo largo de cinco días, llega a unir tres ciudades argentinas —con inicio en San Miguel de Tucumán, el lunes 2, y una escala en Córdoba el miércoles 4, el giro finaliza en La Plata, el viernes 6 de septiembre del mismo año—. Impulsados por esta actividad, los talleres, seminarios y congresos promovidos para reunir a sus integrantes se intensifican en los años siguientes. Por ejemplo, en 2014, se desarrolló el Taller de Formación Superior "Uno en Uno" en la Facultad de Arquitectura de la Universidad Católica de Córdoba, con la presencia, en carácter de profesores, de Marco Rampulla, Sargiotti, Caballero e Iglesia.

Entre el 15 y el 17 de abril de 2015, en Asunción se realiza la segunda reunión del "Giro America[no] del Sud", con la asistencia de Benítez, Bucci, Corvalán, Iglesia, Javier Muñoz, Augusto Quijano, Mauricio Rocha y Fernando Viegas. Además, son partícipes el suizo Peter Zumthor y el brasileño Mendes da Rocha, como conferencistas invitados. La reunión más reciente de este colectivo es la realizada los días 18, 19 y 20 de septiembre de 2018 en el marco del X Congreso Regional de Estudiantes de Arquitectura, organizado por el Centro de Estudiantes de la Facultad de Arquitectura Planeamiento y Diseño de la Universidad Nacional de Rosario. En este evento, Benítez, Bucci y Sargiotti participan de un conversatorio, sostenido en los pabellones del Parque de Diversiones para conmemorar los tres años del fallecimiento de Iglesia, del que también toman parte Bautista, Caballero, Farías, Palumbo y Suárez (Fig. 73).

FIGURA 73.

X Congreso Regional
de Estudiantes de
Arquitectura (2018).
Conversatorio en el
Parque de Diversiones.
Fotografía:
Diego A. Susan.

A veinticinco años de la conformación del Grupo R en Rosario, más que intentar establecer relaciones de causalidad entre las actividades y las discusiones que allí se sucedieron con la construcción de una particular manera de hacer arquitectura por parte de Iglesia, es admisible colocar a aquellos sucesos en el contexto de una constelación de acontecimientos que pudieron aportar a la elaboración de una estructura de pensamiento dislocado en el arquitecto argentino. Su participación en el colectivo denominado "America[no] del Sud" es, contrariamente, consecuencia de la relevancia y la difusión que alcanzan sus primeras obras —Casa en la Barranca (1998) y Altamira (2000)— y su pensamiento, si bien no es de desdeñar la productividad que las discusiones con Aravena, Benítez, Sargiotti y referentes como Mendes da Rocha o Álvaro Siza, tuvieron en la reafirmación de su *modus operandi*. Fue difícil desentrañar un programa creativo, delinear una poética. Resulta casi imposible hoy descifrar, tras la maraña del mito multiplicado hasta el hartazgo por la prensa y, ahora, por los estudios académicos, qué cosas comparte Iglesia con ese "colectivo". Muchos coinciden en señalar la problematización de aspectos asociados a la estructura. Algunos quieren otorgarles una relevancia política vinculada a las condiciones de producción en países como la Argentina, Brasil, Chile o Paraguay, con desarrollos incompletos respecto de los países centrales. Otros enmascaran esta prescindencia ideológica refiriendo a la voluntad de pensar y producir una arquitectura concebida como hacer-técnico.

Lo cierto es que esta generación de arquitectos es renuente a ser comprendida como un epifenómeno de resistencia según la formulación de Frampton (1983), objetando incluso la categorización de sus obras como "latinoamericanas" —el mismo Iglesia lo deja por escrito en "¿Arquitectura Latinoamericana?" (2011g)—. En verdad, cada uno de los integrantes de este singular colectivo llega a este momento por caminos totalmente independientes, cada uno como resultado de procesos singulares y distintos unos de otros, despreocupados de construir a través de sus proyectos una identidad pretendidamente latinoamericana. Sin embargo, parte de las publicaciones y de la crítica especializada —especialmente la que se ocupa de las arquitecturas hechas en América Latina— se apuran a considerar sus obras como la "nueva arquitectura latinoamericana" y colocan a este grupo de "bárbaros" en la posición de encarnar aquello que alguna vez se definió como la "condición latinoamericana", aun cuando todos ellos hayan renegado públicamente de tal condición.

Razones de peso

En efecto, aquí se tratará del poder, indirecta más obs-tinadamente. La "inocencia" moderna habla del poder como si fuera uno: de un lado los que poseen, del otro los que no lo tienen. [...] Pero ¿y si el poder fuera plural, como los demonios? [...] Algunos esperan de nosotros, intelectuales, que actuemos en toda ocasión contra el Poder; pero nuestra verdadera guerra está en otra parte; está contra *los* poderes, no se trata de un combate fácil porque, plural en el espacio social, el poder es, simétri-camente, perpetuo en el tiempo histórico.[31]

Roland Barthes (1977)

Desde fines de la década de 1990, la labor de Iglesia presenta dos dimensiones: una construida, la otra escrita. Parafraseando el sub-rayado que el arquitecto realiza sobre su ejemplar de Deleuze y Guattari (1998: p. 13), en sus escritos no cesa de conectar eslabones con las artes y la política. Alguna vez había leído en Grüner que la escritura "es un campo de batalla, del que se puede huir, pero al que no se puede entrar impunemente" (1996, p. 25). En 1998, por intermedio de su hermano Juan Carlos, convoca a Bautista a colaborar con sus lecturas y sus escritos. Lo primero que le da a leer son "Homo-no" (2008c) y la memoria del Centro Cardiovascular, que aparece originalmente como "El paraguas" (2008a), hasta entonces inéditos. Recuerda Bautista que

la mención de Nietzsche y la cita de Lawrence fueron como un golpe en el pecho, algo absolutamente inespe-rado. [...] Para Rafael la arquitectura era un tamiz por el que hacía pasar todo lo que leía, todo lo que escribía, todo

---

[31] La cita, que corresponde a la Lección Inaugural de la cátedra de semiología lingüística del Collège de France pronunciada el 7 de enero de 1977, es leída por Iglesia en su ejemplar de Barthes (1991).

lo que pensaba. Todo eso en él encontraba una forma que podía ser arquitectónica o escritural (2016).

El trabajo en conjunto comienza a ser productivo —en esto tiene razón Liernur cuando advierte sobre los riesgos de unir sin solución de continuidad ambas actividades[32]—. Se anima a considerarse actor de un país periférico y con la impunidad que le otorga su reconocimiento en el mundo del arte, comienza a operar como lo hacían las figuras intelectuales del siglo XIX: publica columnas en diarios locales —entre otros, *El Cronista* (Buenos Aires), *Rosario 12* y *La Capital* (Rosario)— promoviendo el resguardo de la ciudad como hecho cultural. Decide corporizar una figura cercana a Baudrillard, según la caracterización que de él hacen Axel Gasquet y Martín Cuccoresse, y asumir el lugar de "un observador cultural crítico que examina y relata la compostura teórico-reflexiva de su medio" (1994: p. 55). En dicho contexto escribe reiteradamente contra las consecuencias del modelo económico del pos-capitalismo deslo-calizado (Fig. 74) y las formas de agrupamiento en *countries* (2011c). Es ocurrente, sabe titular, y los jóvenes lo siguen con admiración, al tiempo que pueblan sus conferencias, donde muestra cientos de diapositivas de sus obras y su universo de inspiración. En uno de sus más lúcidos e irónicos ensayos, "El Carmel está que arde", califica los barrios cerrados como "la manifestación edilicia de una determinada comunidad que decide apartarse de los demás" para dar forma a un "asentamiento irregular" (2011c: p. 88). La imagen habría surgido de "La máscara de la muerte roja", el cuento donde Poe advierte que encerrarse entre unos pocos no soluciona nada. Como explica Bautista, "en el cuento de Poe, el peligro era la peste. Este cuento está ambientado en otro momento, en la

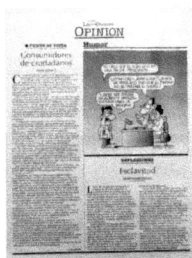

FIGURA 74 /
Consumidores de Ciudadanos I. Diario La Capital, 8 de julio de 2000.

[32] Liernur ha manifestado públicamente, en el contexto de la muestra internacional "Rafael Iglesia. Fuerzas en Juego", que se niega a evaluar la dimensión escritural del arquitecto del modo en que comprende su obra construida. Para el historiador, son acciones en distintos planos. Cosas completamente diferentes que le representan cierto peligro de disociación (2016).

Edad Media, en la que los nobles pensaban que encerrándose iban a estar a salvo" (2016). Todo ello le presenta a Iglesia la inversión de las lógicas de habitación de una ciudad en donde la periferia es apropiada por monopolios de bienestar y seguridad, réplica de las formas feudales, que desdibujan la figura del ciudadano, a partir de la convivencia entre iguales.

Respecto al difuso campo de la opinión y la crítica cultural en que está inmerso, es más fácil establecer puentes con sus lecturas. Por ejemplo, Zygmunt Bauman es quien diferencia los "guetos voluntarios" e "involuntarios"; "islas de similitud e igualdad en medio de un mar de la diversidad y la diferencia" (2011: p. 124). Este nuevo rol lo entusiasma. Podríamos rastrear inspiraciones en sus críticas a la seguridad y el espacio público como fetiche (2008c), el ciudadano como cliente (2011a; 2011b) (Fig. 75), la nueva pobreza ligada al consumo y las asimetrías constitutivas por definición estructural del mundo globalizado (2008c). Los textos son agudos, pero estas lecturas no son un hacer que crea, no se trasmuta oscuramente en obra construida. Ahora sí, tardíamente, aparecen reflexiones sobre lo latinoamericano que, sin embargo, lo diferencian de toda una generación anterior porque su referencia sigue siendo Borges y no Rodolfo Kush.

A juicio de Liernur,

FIGURA 75 /

Consumidores
de Ciudadanos II.
Diario La Capital,
28 de julio de 2000.

> en las condiciones del mundo contemporáneo, la relación entre las obras y los medios empleados para producirlas no es ajena al grado de conciencia que se tiene acerca de la miseria y el dolor de la inmensa mayoría de quienes lo cohabitan. Nadie ignora que ningún gesto individual supone solución alguna para esas penas, pero no es menos evidente el cinismo o la indiferencia moral de quienes parecen disfrutar de los festines formalistas, tecnológicos y comunicativos sin que su obra manifieste la menor solidaridad, preocupación,

o al menos dudas acerca de la propia responsabilidad. La austeridad de medios practicada de la manera que lo hace Iglesia es un modo de denunciar, al menos que este tema existe, esto es que el derroche sigue constituyendo, a cien años de la proclama loosiana, un "delito" (2006b: p. 4).

Con un *modus operandi* fundado en el pensamiento crítico, Iglesia se instala en los intersticios de las redes tejidas por las lógicas de un mercado globalizado. En dicho escenario, con su obra supera la primaria asociación entre materia y lugar con operaciones que construyen un lenguaje propio, pero a la vez universal. Por ejemplo, en "¿Arquitectura latinoamericana?" pregunta: "¿nos atreveríamos a decir que la obra de Borges es latinoamericana? Entonces, ¿qué cosa es una arquitectura latinoamericana? ¿Una clasificación? ¿Un orden para evitar el caos? En este caso debiéramos preguntarnos de cuál caos se trata: ¿del caos en donde todo es igual o el caos donde todo es diferente?" (2011g: p. 86). Iglesia lee en Borges una pregunta equiparable: "¿Cuál es la tradición argentina? Creo que podemos contestar fácilmente y que no hay problema en esta pregunta. Creo que nuestra tradición es toda la cultura occidental, y creo también que tenemos derecho a esta tradición" (1975: p. 105). Asimismo, lee y marca en el ensayo de Grüner un párrafo en el que este interroga: "¿Qué se entiende por literatura 'argentina'? ¿Lo que escriben unos cuerpos nacidos dentro de determinados límites geográficos?" (1996, p. 33). Además, en su ejemplar de *Las palabras y las cosas*, Iglesia marca sutilmente —con un punto hecho en birome negra sobre el margen derecho—, un párrafo en el que Foucault explica que

cuando levantamos una clasificación reflexionada, cuando decimos que el gato y el perro se asemejan menos que dos galgos, aun si uno y otro están en cautiverio o embalsamados [...] ¿cuál es la base a partir de la cual podemos establecerlo con certeza? ¿A partir de qué "tabla", según qué espacio de identidades, de semejanzas, de analogías, hemos tomado la costumbre de distribuir tantas cosas diferentes y parecidas? [...] Porque no se trata de ligar las consecuencias, sino de relacionar y aislar, de analizar, de ajustar y empalmar contenidos secretos; nada hay más vacilante, nada más empírico —cuanto menos en apariencia— que la instauración de un orden de las cosas (1986: p. 5).

Desde estas "cuestiones de peso" vuelve a sus obras. Respecto al Quincho dice:

a pesar de que el trabajo tiene un tufillo autóctono, éste resulta de la utilización de estos materiales y de una tecnología primitiva y no de la manipulación de las formas. Es decir, creo que podemos lograr una expresión propia sin recurrir al folclore, podemos contar nuestras cosas en un lenguaje propio y, a la vez, universal. Esto, creo, es lo que importa (2011f).

Rechaza el adjetivo "latinoamericano" en los términos que subraya en Foucault: como un orden "que se les da a las cosas como su ley interior, la red secreta según la cual se miran en cierta forma unas a otras, y lo que no existe a no ser a través de la reja de una mirada" (1986: p. 5). Prefiere "hablar de las distintas arquitecturas que se construyen en los diferentes lugares que integran América Latina" para romper con el intento de sumergirlo en un colectivo sacralizante. Sostiene que "somos más geográficos que históricos" y propone arquitecturas sensibles con "el lugar, el horizonte, la inmensidad, la vastedad" y arquitectos que, aun trabajando en un contexto de escasez, sean "capaces de reconocer la concepción

del espacio que late en nuestro tiempo y transformarlo en un lugar habitable para el hombre" (2011g: p. 87). Eventualmente, como vemos, prefiere la referencia laxa a una suerte de *Kunstwollen* genérica de la que no se hace cargo y, menos aún, la convierte en causa. Irreverente, forzando hasta el extremo su argumentación tal como lo hace con sus estructuras, se abraza al "El escritor argentino y la tradición", donde Borges sostiene que el hecho de ser argentinos o, en una perspectiva más amplia, latinoamericanos es, en el mejor de los casos, una fatalidad y que, por lo tanto, abundar en los rasgos y en el color local argentino es una equivocación: "como si los argentinos sólo pudiéramos hablar de orillas y estancias y no del universo" (Borges, 1975: p. 104). De igual tenor son las palabras que Iglesia subraya en Grüner (Fig. 76), quien, por ejemplo, expresa que "el objeto 'literatura', sea el que fuere su estatuto ontológico, no se puede hacer coincidir puntualmente con los referentes 'nación', 'clase', 'raza', 'pueblo'" (1996, p. 32). Más adelante, el mismo autor completa la idea —que Iglesia subraya— al enunciar que "la pretensión de encontrar formas —o, lo que es aún más dudoso, contenidos— unitarias, que permitieran hablar de literaturas 'nacionales', revela la estrechez de miras de quienes suponen posible, o deseable, hacer confluir las 'unidades' político-geográficas con la producción literaria" (1996: p. 35).

Epílogo

Antipático y molesto, su vocación desarticuladora de certidumbres lo volvió tan incierto que ni sus amigos sabemos cómo tratarlo: sus aciertos desconciertan más que sus errores. Claro que, en una cultura afectuosa de las disponibilidades clasificadoras, una escritura que se escurre de los casilleros quema los dedos.[33]

Eduardo Grüner (1996: p. 174)

Entre mediados de la década de 1970 y previo a la apertura democrática en la Argentina, transcurren los años de formación universitaria de Iglesia —se gradúa en 1981—. En dicho período, el debate arquitectónico internacional está signado por el colapso y la puesta en cuestión de los principios de la arquitectura moderna. Funcionalismo, racionalismo estructural y, sobre todo, la idea de la arquitectura como agente de transformación social son puestos en discusión. Una nueva serie de preocupaciones en relación a la forma, el contexto urbano, el regionalismo y el simbolismo, dominan los estudios y las discusiones. Ese giro en las preocupaciones recibe un nombre, con interpretaciones varias y contestaciones: *posmodernismo* (Berrini y Solari, 2018).

En el ocaso de un fin de siglo convulsionado y en coincidencia con una década —la de 1990— signada por la perplejidad política y social, el vacío cultural y la tediosa repetición de fórmulas gastadas, Silvestri identifica tres líneas de reflexión que tienen la preocupación por restaurar una disciplina que había llegado al borde de su disolución:

la que se propuso reflexionar sobre la consistencia interna de lo que llamamos "arquitectura"; la que advirtió que reflexionar sobre la arquitectura significaba reflexionar

---

[33] En el texto, que Iglesia marca en Grüner (1996: p. 174), el autor se refiere a Martínez Estrada.

sobre su legado, en especial a partir de su compleja relación con los hechos urbanos; y la que se instaló en el terreno de la crítica histórica (2011: p. 319).

Por fuera de la academia y en la ocasión que supuso la excepcionalidad del caso Rosario en el concierto nacional de las transformaciones políticas y económicas de la década de 1990, Iglesia pareciera abocarse a la reflexión sobre la consistencia interna de la arquitectura. Como lo explica Pampinella, en Rosario, "si hay ocasión para hablar de un fenómeno particular es la proporción inusual de arquitectos preocupados por los valores de la arquitectura" (2006a: p. 20). En tal sentido, la participación de Iglesia en la organización del congreso y de los ciclos de charlas como miembro del Grupo R no es menor.

Posteriormente, el reconocimiento que los medios académicos y editoriales realizan de su obra puede comprenderse en el contexto de una generación cuyas estrategias de consagración contrastan programáticamente con las del profesional liberal. Actúa como una suerte de creativo que toma las oportunidades que le brindan la academia y la industria editorial y reconoce que está en medio de "una coyuntura en la que la conveniencia de tiempo y lugar determina una posibilidad única y particular" de convertir circunstancias adversas en condiciones habilitantes para "ensayar problemas propios de la disciplina que constituyen su centro de interés" (Shmidt, 2006: pp. 64–65), en el que se evidencian proximidades con el arte contemporáneo.

En este contexto, es perentorio resaltar la relevancia del tiempo de ocio —que Morales (1992) relaciona con los términos "pensar" y "soportar"— en el programa creativo de Iglesia. En sus indagaciones etimológicas, el escritor español argumenta que la noción de "estar" se conecta con la acción de "pensar" —asociada a "permanecer", "encontrarse allí reflexionando" o "pararse a pensar"— y ésta, a su vez, con la de "pesar" (1992: p. 119). Para Morales, la acción de pensar convierte al detenerse —propio del tiempo de ocio— en activador de la capacidad ordenadora y situante que culmina con la creación de estructuras.

Acerca del manejo que Iglesia hace del tiempo —el disfrute "de un modo 'provinciano', pausado, no metropolitano de la existencia [...] a contrapelo de las urgencias generadas por las dinámicas productivas contemporáneas"— Liernur señala (2006b: p. 6) que

> el suyo es un reconocimiento de la Arquitectura como disciplina arcaica. Para Iglesia, esa condición arcaica es una de las condiciones de existencia de la disciplina, lo que supone un rechazo a la vez moral y teórico de su incorporación a la lógica capitalista de consumo acelerado y a su puesta en servicio de la publicidad o la moda.

Dando cuenta de cierto placer en el aplazamiento, Farías recuerda que Iglesia aconsejaba dejar "para mañana lo que puedas hacer hoy" (en Solari, 2019: p. 170). Esto es determinante para Caballero, quien propone que "la acción muchas veces deja de lado la reflexión" y explica que, para Iglesia, "el tiempo de ocio era tiempo para pensar; un trabajo mental" y que, quizás por ello "era una de esas personas que trabajan, pero que parece que no están trabajando" (Fig. 77):

> Yo a Rafael lo veo como a Vinicius [de Moraes], sentado en un bar, viendo a esa chica pasar para después escribir *Garota de Ipanema*. Para mí Rafael es como Vinicius, en ese lugar, sentado, observando y tomando nota de alguna cosa que el resto no ve, relacionando aquello con alguna otra cosa que, tal vez, un año después vuelva a aparecer. Un conocimiento que está flotando en el aire, como en Vinicius, que no está en el estudio de grabación probando guitarras, está en un bar viendo gente pasar. [...] También *El Chúcaro* [Santiago Ayala] me recuerda

mucho a Rafael, ese bailarín santiagueño que cuando baila parece despreocupado pero que es dueño de una gracia increíble, que no se parece en nada al bailarín típico de folklore, acartonado, "medio durito" y sacando pecho. Es ahí donde hacen la diferencia *El Chúcaro* o Rafael. Es esa "otra cosa" que trasciende el hacer lo que encontró. [...] Ahí está el punto, en el alma, en eso que no se ve, en lo que llevan adentro. Miralo al *Chúcaro* bailar: parece borracho, pero tiene una elegancia... (en Solari, 2019: p. 183).

Resulta relevante, en este sentido, el párrafo de Jean Guitton que destaca Iglesia, en el que el filósofo francés explica que

era provechoso para nosotros, intelectuales, considerar el trabajo de los artistas. Los escolares lo ignoran. Y la causa de esta ignorancia es que la pedagogía consiste, precisamente, en extinguir en el niño el gusto por este trabajo artístico, aparentemente desordenado, para enseñarle las reglas, los buenos hábitos y darle normas. Pero cuando se llega a la edad adulta, es útil saber que hay muchas otras maneras de trabajar que las que se aprenden en la escuela y en la niñez (1995: p. 17).

En el contexto de una década cargada de frivolidad y desesperanza, con un puñado de obras de pequeña escala y un modo de obrar ajeno a las urgencias de la producción y el consumo, la figura de Iglesia se diferencia del *establishment* arquitectónico. En tal sentido, Liernur explica que una de las cuestiones más relevantes de la obra de Iglesia es representada por

una zona en la cual él fue manejando su tiempo de pensamiento en articulación, pero con independencia de la demanda del consumo. Creo que él mismo estaba en peligro y que se sentía en peligro, desde el momento en que en esa eclosión de principios del 2000 entraron en circulación él y su trabajo como una mercancía más, como algo más que era consumido. Eso fue una tensión en su trabajo muy importante (2016).

Iglesia no propone para sí mismo la imagen del gran arquitecto; por el contrario, su voluntad trasgresora, su actitud irreverente y su desplazamiento hacia los bordes, son los que le permiten ensayar con agudeza y poner en cuestión las verdades instituidas. De allí su tardía seducción con el rol de intelectual crítico con las formas de urbanización difusa y de disolución del espacio público. Como devela Suárez, su interés por aquellos a los que el sistema descarta y aparta lo lleva a rechazar los encargos que recibe para la construcción de viviendas en barrios cerrados (en Solari, 2019: p. 187). No obstante, con sus obras, capta el interés de los medios de difusión y de las agendas internacionales, ávidas de exotismo. Como ya hemos apuntado, entre 2001 y 2008, dicta más de treinta conferencias fuera del país, en las universidades de Harvard (2002 y 2008), Navarra (2005), Porto Alegre (2005), Berkeley (2006) y Austin (2006), entre otras. En el mismo período, su producción es divulgada en publicaciones —algunas de ellas, monográficas— editadas en España, México, Inglaterra, Chile, Colombia, Turquía, Estados Unidos, Italia y Alemania, entre otros.

Ante su obra y su voluntad de dejar por escrito las reflexiones a las que había dado lugar en su hacer, cabe preguntarse cuál era su idea respecto al paso del tiempo. Por un lado, como Pessoa, Iglesia parece subrayar su voluntad de ser olvidado: "quiero de los Dioses sólo que no me recuerden" (1998: p. 97). Por el otro, sus obras exponen una inequívoca vocación perecedera: aspiran a ser ruina antes que a la perpetuidad. De esta forma, el revestimiento de chapa de acero inoxidable sobre la fachada de la Clínica de Fertilización Asistida (2008) muestra signos de deterioro; los troncos

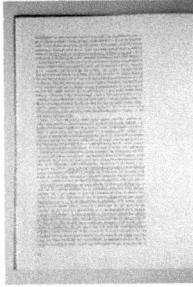

que sustentan el Pabellón de Fiestas del Parque de Diversiones (2003) han perdido sus cortezas e iniciado un proceso lento pero irreversible de putrefacción en su contacto con el suelo; el piso del Quincho (2002), realizado con varillas de alambrado de campo, ha sido reemplazado por su propietario. Al intervenir sobre un patrimonio como el que encuentra en el Centro de Iniciación Deportiva del Parque Hipólito Irigoyen, llama a "dejar buenas ruinas" —ruina: restos de uno o más edificios arruinados—, vestigios de estructuras que, "como en el caso de los fósiles, son el último testimonio" (2016d: p. 63). Renuncia a la idea de restaurar, que va contra el paso del tiempo.

Pero el cuidado puesto en la escritura de las memorias de sus obras lo acerca, podríamos conjeturar, a esa inmortalidad que Milan Kundera asigna a las trayectorias vitales de los artistas y los hombres de Estado (2009) y que los libros otorgan al escritor. O piensa, tal vez, en un destino similar al que imagina Borges en su relato "El sueño de Coleridge": "cabe suponer que el alma del emperador, destruido el palacio, penetró en el alma de Coleridge, para que éste lo reconstruyera en palabras, más duraderas que los mármoles y los metales" (1975: p. 482).

Iglesia concibe a la arquitectura como disciplina antes que como profesión. Disciplina que navega a contracorriente, poniendo en tela de juicio toda lógica convencional —como subraya en Magritte: "En el arte, todo lo probado es vulgar" (Meuris, 1997: p. 50) (Fig. 78)— para restituir un cierto sentido arcaico a la producción arquitectónica. Como lo proponen claramente Liernur (2016) y Rigotti (2015), hay en ello algo de la idea modernista del niño, que se obliga a mirar al mundo con ojos nuevos. Consciente o inconscientemente, a la vez que construye su discurso, Iglesia es seducido por la posibilidad de presentarse como el niño que empieza de cero y que inventa el mundo cada vez. Por el contrario, al estudiar sus obras, se hacen evidentes una sabiduría constructiva, unas sutilezas compositivas y un dominio de las proporciones que remiten a la más profunda y primitiva raíz disciplinar: condición totalmente ajena a la inocencia del niño. El problema recurrente en su programa creativo, tal como lo expuse en las páginas precedentes, no es la búsqueda de lo nuevo sino el desconocer los supuestos. Al mismo tiempo, con su obra construida y escrita, niega los impulsos por hallar analogías que lo reúnan bajo el halo de un orden o una clasificación cualquiera. Su producción es tan ajena a la idea del proyecto de arquitectura como transformador de un futuro vinculado a idearios nacionales, sociales, económicos y de innovación tecnológica, como extraña al credo signado por el pasado y las ideas de patrimonio, identidad y memoria que nutren estrategias de resistencia cultural.

FIGURA 79 /

Pabellón de Fiestas. Parque de Diversiones (2003). Fotografía: Diego A. Susan.

A la manera de Magritte, pareciera querer demoler las ideas corrientes e "imaginar objetos cautivadores que nos revelen lo que nos queda aún del instinto del placer" (Meuris, 1997: p. 170). *Sus obras*, que desde el punto de vista estético pueden resultar antagónicas, *antes que de la voluntad de producir una determinada forma, son el resultado de una determinada manera de hacer arquitectura*; una voluntad exploradora que algunas veces se ocupa de la forma estructural y, en otras ocasiones, de las posibilidades y los efectos que le brindan los materiales de construcción. Así, por una parte, el Pabellón de Fiestas del Parque de Diversiones expone y hace visible las solicitaciones a las que están sometidos sus elementos (Fig. 79) y, por otra, el plano de fachada de la Clínica de Fertilización Asistida toma en préstamo y reproduce imágenes deformadas del edificio ubicado al otro lado de la calzada (Fig. 80).

Es por ello que su figura es plausible de ser asociada a la modulación contemporánea de la idea de vanguardia inconformista que actúa en razón de posiciones definidas por poéticas individuales, diferenciadas en sus modos de hacer, en sus sistemas de valoración y de juicio, en el minado campo de la arquitectura (Berrini y Solari, 2018). La confirmación de esta idea se encuentra en el subrayado que hace Iglesia de una cita que Speranza toma de Duchamp, en la

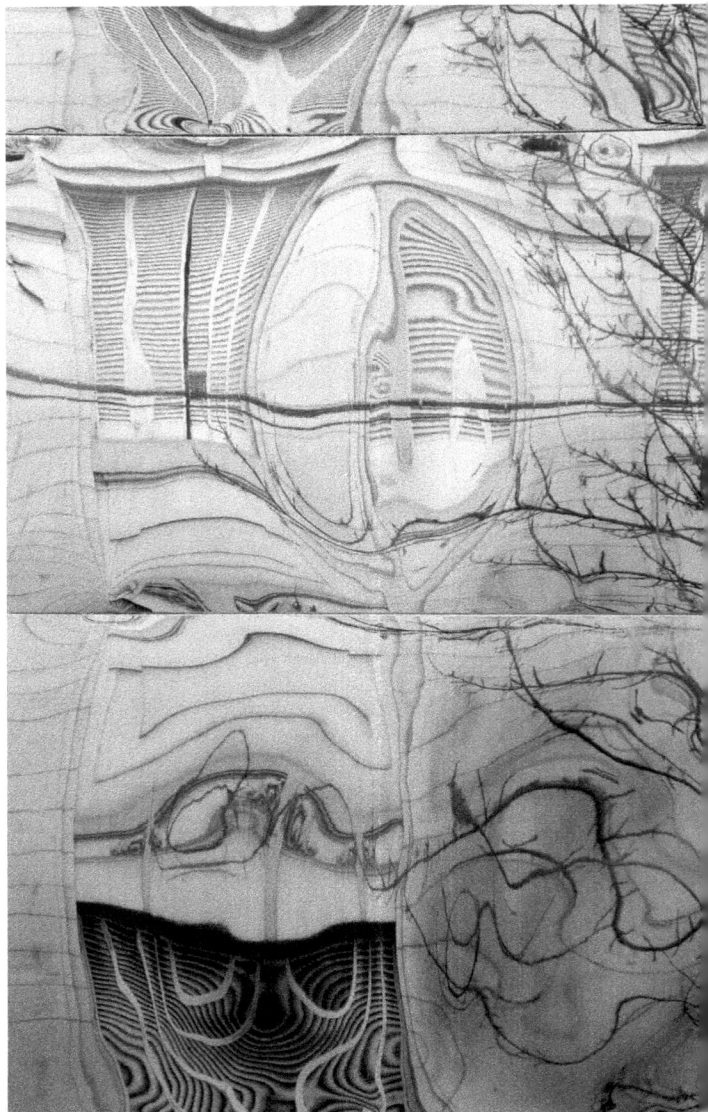

que el artista francés declara que decidió "estar solo y avanzar sin destino fijo. El artista debe estar solo consigo mismo, como en un naufragio" (2006: p.40). Esa imagen relata la dificultad de trabajar en una disciplina que había llegado —como dice Silvestri— al borde de su disolución y la de reflexionar sobre su consistencia interna. Una encerrona de la que escapa desde la indisciplina.

En el marco de un programa creativo en el que la contradicción y el error son la regla y concurren en lo producido del mismo modo que la aplicación de ciertos criterios de orden y concentración, más o menos estructurados por la disciplina, Iglesia recurre con gran libertad a un variado universo de medios. La exterioridad de relaciones que implican las referencias a la literatura y la filosofía contemporáneas en su hacer y su discurso, sumadas a la persistencia en las exploraciones formales (Fig. 81) y estructurales (Fig. 82) desprovistas de programa arquitectónico y a los diversos modos de conexión y codificación entre unas y otras en un programa creativo posibilitan el trazado de estas interpretaciones.

FIGURA 81 /

Exploraciones formales.
Fuente: archivo personal Gustavo Farías.

Iglesia remite al hombre arcaico como "ya técnico" —y aquí volvemos a Morales (1992: p. 96)— y, como tal, pensante, en cuanto en su hacer manifiesta un determinado "saber hacer" que se revela en una forma de *téchne*. Además, incorpora a ésta el carácter representativo que Morales asocia a las nociones de técnica y arquitectura:

> sabemos que semejante hacer no se basa, desde luego, en la representación de imágenes percibidas, ni en la abstracción —que es "extracción"— de aspectos pertenecientes a las imágenes que nos formamos de lo representable. Tal vez por ese motivo la arquitectura ha sido comparada desde antiguo con la música, dado que ambas suelen estimarse como artes no representativas. En este sentido, Heidegger sostiene que "un templo griego no representa nada". Sin embargo... Sin embargo no hay nada más representativo del culto olímpico que el templo griego: un recinto para el dios, hermético,

explosivo y excluyente, en el que el hombre común no penetra, un peristilo que carece de aberturas significativas, gradas que no corresponden al paso humano, sino que son el basamento adecuado a las dimensiones del templo y hechas a escala de éste" (1992: p. 117).

De esta forma y con estas herramientas, reacciona contra el modernismo convertido en canon establecido y recupera, en buena medida, el espíritu provocador frente a los principios reinantes de la realidad y la representación de la sociedad que movió a las vanguardias de principios del siglo XX, para resistir al pastiche, a la trasformación de la realidad en imágenes y a la fragmentación del tiempo en una serie de presentes perpetuos, con los que Jameson (2015) caracteriza a los posmodernismos fascinados con la emergencia del nuevo tipo de vida social y de un nuevo orden económico. Si acordamos que —como apunta Quetglas y subraya Iglesia— el templo dórico caracteriza y sentencia el invariable orden clásico, simbolizado "por sus columnas [...] y por las correspondencias sintácticas entre sus elementos" (1991: p. 34), entonces la obra de nuestro arquitecto se aproxima a la representación de lo inestable. Ante el mito del orden, compone sistemas de fuerzas contrapesadas que aluden a la posibilidad de su inminente colapso. Resistiendo a las formas perennes, hace presente un modo de obrar en el que se reflejan la transitoriedad (Figs. 83 y 84) y el equilibrio provisional del mundo contemporáneo encontrando, incluso, ecos en las asimetrías del mundo globalizado y sus perversas consecuencias —desocupación, exclusión, inseguridad—: sus verdaderas razones de peso.

Despojada de certezas definitivas, la construcción poética de Iglesia se funda imperfecta y tempranamente en inesperadas concordancias entre palabras y cosas. Las palabras, que provienen de sus lecturas, representan unidades atemporales que estimulan su imaginación y que, posteriormente, le sirven para

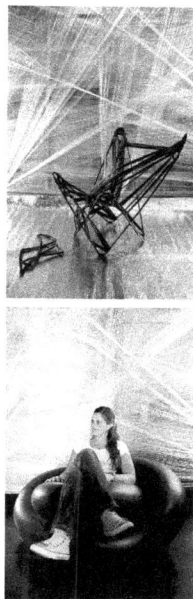

FIGURA 83 /

Exploraciones estructurales. Fuente: archivo personal Gustavo Farías.

interpretar lo producido. Las cosas son los materiales sobrantes que colecta en los sitios de construcción y lleva al estudio. Como parte indisociable de este programa creativo, la escritura de las memorias no explica las obras: es parte de las obras.

Como propone Quetglas, las palabras participan de la obra (2002: p. 98) y representan una suerte de espacio terapéutico en el que el arquitecto reconoce su programa creativo. Hay un arquitecto que se diseña a sí mismo a la vez que construye su obra y discurso. O, como ha dicho alguna vez Louise Bourgeois, "el propósito de las palabras es a menudo el de ocultar cosas" (Colomina, 2006: p. 190). Subraya Iglesia en Meuris aquello que hemos perseguido develar a lo largo de este libro:

> ¿Y el misterio? Aparentemente, reside en primer lugar en lo imprevisto de las asociaciones perfectamente precon- cebidas (1997: p. 109).

FIGURA 84 /

Estudio Rafael Iglesia.
Fuente: archivo
personal Gustavo
Farías.

Referencias Bibliográficas

Bibliografía general

/ Aliata, F. (2006). Lógicas proyectuales. Partido y sistema en la evolución de la arquitectura contemporánea en la Argentina. *Block*, 7, 82-88.

/ Adrià, M. (2008). The Third Generation. Latin American scene. En Josep Lluis Mateo *Global housing projects. 25 Buildings since 1980* (pp. 226-229). New York, Estados Unidos: Actar.

/ Aravena, A. (2015). Vergüenza propia. En R. Kirschbaum (Ed.) *Rafael Iglesia* (p. 11). Buenos Aires, Argentina: ARQ Clarín.

/ Ballent, A. y Liernur, F. (2014). *La casa y la multitud. Vivienda, política y cultura en la Argentina moderna*. Buenos Aires, Argentina: Fondo de Cultura Económica.

/ Bauman, Z. (2011). *Tiempos Líquidos: vivir en una época de incertidumbre*. Buenos Aires, Argentina: Tusquets Editores.

/ Bautista, M. I. (2015). Las palabras y las cosas, *Revista rd2*, 77, 111-115.

/ Benjamin, W. (1982). Experiencia y Pobreza. En *Discursos Interrumpidos I* (pp. 165-173). Madrid, España: Taurus.

/ Benjamin, W. (2008). *Obras I*. Madrid, España: Abada.

/ Benjamin, W. (2011), La revelación del Conejo de Pascuas o breve teoría sobre los escondites. En *Denkbilder. Epifanías de viajes* (pp. 125-127). Buenos Aires, Argentina: El Cuenco de Plata.

/ Berger, J. (2013). *Modos de ver*. Barcelona, España: Editorial Gustavo Gili.

/ Berrini, C. y Solari C. (2018). *Profesionales Errantes. Arquitectos de la contemporaneidad. En Actas del Seminario Internacional "Profesionales, Expertos y Vanguardia: La cultura arquitectónica en el cono sur"*, 6, 7 y 8 de junio de 2018 (pp. 55-61). Rosario, Argentina: UNR Editora.

/ Bosch, E. (2013). El presente está solo. En Berger, J. *Modos de ver* (pp. 7-10). Barcelona, España: Editorial Gustavo Gili.

/ Colomina, B. (2006). *Doble exposición. Arquitectura a través del arte*. Madrid, España: Akal.

/ Diez, F. (2003a). Arquitectura y peligro, *Summa+*, 58, 40-45.

/ Diez, F. (2003b). Más allá de la norma, *Summa+*, 60, 166-185.

/ Diez, F. (2008). *Crisis de autenticidad. Cambios en los modos de producción de la arquitectura argentina.* Buenos Aires, Argentina: Donn.

/ Fanelli, G. y Gargiani, R. (1999). *El principio del revestimiento. Prolegómenos a una Historia de la Arquitectura Contemporánea.* Madrid, España: Akal.

/ Foucault, M. (1984). Des espaces autres. *Continuité, 5*, 46-49.

/ Frampton, K. (1983). Prospects for a Critical Regionalism. *Perspecta, 20*, 147-162.

/ Gorelik, A. (1998). 1957-1997: algunos itinerarios en las ideas urbanas. *Punto de Vista, 60*, 50-55.

/ Heidegger, M. (1997). *Construir, habitar, pensar.* Córdoba, Argentina: Alción Editora.

/ Jameson, F. (2015). Posmodernidad y sociedad de consumo. En H. Foster (Ed.), *La Posmodernidad* (pp. 165-186). Barcelona, España: Editorial Kairós.

/ Jusid, V. (2017). *"Arquiesculturas", entre "Máquinas Arcaicas" y "Objetos Urbanos". Intervenciones en el espacio público sudamericano (1989-2014).* (Tesis de Maestría inédita). Universidad Torcuato Di Tella, Buenos Aires, Argentina.

/ Krauss, R. (2015). La escultura en el campo expandido. En H. Foster (Ed.), *La Posmodernidad.* (pp. 59-74). Barcelona, España: Editorial Kairós.

/ Kogan, C. (2014). Imágenes y discursos de arquitectos: apuntes sobre los Ciclos de Arquitectura Contemporánea en el Centro Cultural Parque de España en Rosario (1994-2000). *Registros, 11*, 166-187.

/ Kundera, M. (2009). *La inmortalidad.* Barcelona, España: Tusquets Editores.

/ Lapunzina, A. (1998). La arquitectura joven de Rosario: ¿Vanguardia, escuela o tendencia?, *Arquis*, 15, 14-23.

/ Liernur, J. F. (1998). Un panorama actual de la producción arquitectónica. *Punto de Vista, 60*, 61-64.

/ Liernur, J. F. (2001). *Arquitectura en la Argentina del siglo XX. La construcción de la modernidad.* Buenos Aires, Argentina: Fondo Nacional de las Artes.

/ Liernur, J. F. (2002). Suaves asimetrías. *ARQ 51. Al Sur de América*, 71-72.

/ Liernur, J. F. (2006a). Equívocos porteños: todos somos afts. *Block, 7*, 6-7.

/ Liernur, J. F. (2006b). Máquinas arcaicas: La obra de Rafael Iglesia en Rosario, Argentina. *Arquitecturas de Autor, Rafael Iglesia, AA38*, 4-7.

/ Liernur, J. F. (2010). Paisaje tras la crisis. Argentina Uruguay y Paraguay, brotes verdes, *en Atlas. Arquitecturas del Siglo XXI. América.* (pp. 240-247). Bilbao, España: Fundación BBVA.

/ Liernur, J. F. y Pschepiurca, P. (2012) *La red austral. Obras y proyectos de Le Corbusier y sus discípulos en la Argentina (1924-1965).* Buenos Aires, Argentina: Prometeo.

/ Mele, J. (2005). Mutaciones espaciales. *Vanguardias Argentinas, 5*, 138-146.

/ Oliveras, E. (2004). *Estética. La cuestión del Arte.* Buenos Aires, Argentina: Planeta.

/ Pampinella, S. (2006a). La ciudad cambió la voz. *Block, 7*, 6-7.

/ Pampinella, S. (2006b). La reinvención de un parque. O los saberes de los pobres. Reseña crítica del proyecto del Parque Hipólito Yrigoyen, Rosario, *Il Giornale dell'Architettura.*

/ Pastorino, F. (2011). A propositional architecture. En W. Wang (Ed.), *O'Neil Ford Duograph 3: Argentina* (pp. 9-15). Texas, Estados Unidos: Center for American Architecture and Design (CAAD) and the O'Neil Ford Chair in Architecture at The University of Texas.

/ Pérez Oyarzun, F. (2002). Tres notas sobre una cierta poética de la arquitectura actual. *ARQ 51. Al Sur de América*, 4-6.

/ Plaut, J. (2011). Rafael Iglesia: Arquitecto a los 40. En *Rafael Iglesia* (pp. 6-9). Santiago de Chile, Chile: Constructo.

/ Poe, E. A. (1973). Filosofía de la composición. En *Ensayos y crítica* (pp. 65-79). Madrid, España: Alianza.

/ Rigotti, A. M. (2015). La mente y la mano. Memorias de Rafael, *Summa+*, 148, 131-132.

/ Rigotti, A. M. y Shmidt, C. (2006). Argentina +01: ¿qué pasó con la arquitectura?, *Block*, 7, 6-7.

/ Sennet, R. (2009). *El artesano*. Barcelona, España: Anagrama.

/ Shmidt, C. (2006). Sweet home Buenos Aires: la oportunidad de la arquitectura, *Block*, 7, 64-74.

/ Silvestre, M. V. y Solari, C. (2018). Cuestión de oficio: enfoques acerca de la constructividad en las obras de Rafael Iglesia y Solano Benítez. *A&P Continuidad*, 9, 54-65.

/ Silvestri, G. (1998). La cultura arquitectónica en la Argentina de los años 90. *Punto de Vista, 60*, 55-61.

/ Silvestri, G. (2006). La lógica de la sensación. Límites de un realismo contemporáneo. *Block*, 7, 6-7.

/ Silvestri, G. (2011). *Ars Publica, ensayos de crítica e historia de la arquitectura, la ciudad y el paisaje*. Buenos Aires, Argentina: Nobuko.

/ Solari, C. (2018). Acerca de la (pos) Modernidad: Los debates sobre la arquitectura en América Latina en las dos últimas décadas del Siglo XX. *Amazônia Moderna, 2*, 100-127.

/ Solari, C. (2019). *Las lecturas en la construcción de una poética. Rafael Iglesia (1991-2010)*. (Tesis de Maestría inédita). Universidad Nacional del Litoral, Santa Fe, Argentina.

/ Torrent, H. (2002). Al sur de América: Antes y Ahora. *ARQ 51. Al Sur de América*, 10-13.

/ Valéry, P. (1990). *Teoría poética y estética*. Madrid, España: Visor.

/ Wang, W. (2011). Altamira. En *O'Neil Ford Duograph 3: Argentina* (pp. 9-15). Texas, Estados Unidos: Center for American Architecture and Design (CAAD) and the O'Neil Ford Chair in Architecture at The University of Texas.

De la biblioteca de Rafael Iglesia

/ Barthes, R. (1991). *El placer del texto y Lección inaugural.* Buenos Aires, Argentina: Siglo Veintiuno Editores.

/ Berger, J. y Harvey, D. (2007). *Boulevard central.* Buenos Aires, Argentina: Edhasa.

/ Borges, J. L. (1975). *Prosa.* Barcelona, España: Círculo de Lectores.

/ Brecht, B. (1963). *Brevario de Estética Teatral.* Buenos Aires, Argentina: La Rosa Blindada.

/ Brecht, B. (1965). *Cuentos.* Buenos Aires, Argentina: Ediciones Nueva Visión.

/ Deleuze, G. (1987). *Foucault.* Barcelona, España: Paidós.

/ Deleuze, G. y Guattari, F. (1977). *Rizoma.* Valencia, España: Editorial Pre-Textos.

/ Deleuze, G. y Guattari, F. (1993). *¿Qué es la filosofía?* Barcelona, España: Anagrama.

/ Deleuze, G. y Guattari, F. (1998). *Mil Mesetas. Capitalismo y esquizofrenia.* Valencia, España: Pre-Textos.

/ Foucault, M. (1986). *Las palabras y las cosas.* Buenos Aires, Argentina: Siglo Veintiuno Editores.

/ Foucault, M. (2002). *Vigilar y castigar.* Buenos Aires, Argentina: Siglo Veintiuno Editores.

/ Gasquet, A. y Cuccorese, M. (1994). *Ensayos profanos. Escritos sobre el pensamiento contemporáneo francés.* Buenos Aires, Argentina: Ediciones del Valle.

/ Guitton, J. (1995). *El trabajo intelectual.* Buenos Aires, Argentina: Editorial Criterio.

/ Grüner, E. (1996). *Un género culpable. La práctica del ensayo: entredichos, preferencias e intromisiones.* Rosario, Argentina: Homo Sapiens Ediciones.

/ Kafka, F. (1984). *La metamorfosis.* Buenos Aires, Argentina: Editorial Losada.

/ Martínez Estrada, E. (1993). *Radiografía de la Pampa*. Buenos Aires, Argentina: Fondo de la Cultura Económica.

/ Meuris, J. (1997). *René Magrite*. Köln, Alemania: Taschen.

/ Moneo, R. (1991). "Introducción". En Quetglas, J. *Der Gläserne Schrecken. Imágenes del Pabellón de Alemania de Mies van der Rohe* (pp. 11-16). Montréal: Canadá: Les Editions Section B.

/ Morales, J. R. (1992). Las artes de la vida. El drama y la arquitectura. *Revista Anthropos, 133,* 93-119.

/ Morales, J. R. (1999). *Arquitectónica. Sobre la idea y el sentido de la arquitectura*. Madrid, España: Editorial Biblioteca Nueva.

/ Pessoa, F. (1998). *Antología esencial*. Buenos Aires, Argentina: Need.

/ Quetglas, J. (1991). *Der Gläserne Schrecken. Imágenes del Pabellón de Alemania de Mies van der Rohe*. Montréal: Canadá: Les Editions Section B.

/ Quetglas, J. (2002). *Pasado a Limpio I*. Valencia, España: Pre-Textos.

/ Rilke, R. M. (1996). *Cartas a un joven poeta*. Buenos Aires, Argentina: Editorial Galerna.

/ Speranza, G. (2006). *Fuera de campo. Literatura y arte argentinos después de Duchamp*. Buenos Aires, Argentina: Editorial Anagrama.

/ Subirats, E. (1991). *Metamorfosis de la cultura moderna*. Barcelona, España: Anthropos.

Escritos de Rafael Iglesia

/ Iglesia, R. (2001). Encuentro con el paisaje. Casa en Arroyo Seco. *Revista Summa+*, 50, 136.

/ Iglesia, R. (2006a). Casa en la Barranca. *Arquitecturas de Autor, 38,* 10.

/ Iglesia, R. (2006b). Casa en Fisherton. *Arquitecturas de Autor, 38,* 14.

/ Iglesia, R. (2006c). Clínica. *Arquitecturas de Autor, 38,* 22.

/ Iglesia, R. (2006d). Edificio Altamira. *Arquitecturas de Autor, 38,* 38.

/ Iglesia, R. (2006e). Escalera. *Arquitecturas de Autor, 38,* 24.

/ Iglesia, R. (2006f). Quincha y piscina. *Arquitecturas de Autor, 38*, 24-29.
/ Iglesia, R. (2008a). El paraguas. *Polis, 10*, 10-13.
/ Iglesia, R. (2008b). Ex-perimento. *Polis, 10*, 10-13.
/ Iglesia, R. (2008c). Homo-no. *Polis, 10*, 10-13.
/ Iglesia, R. (2011a). Consumidores de Ciudadanos I. En Plaut, J. y Bianchi, S., *Rafael Iglesia* (p. 82). Santiago de Chile, Chile: Constructo.
/ Iglesia, R. (2011b). Consumidores de Ciudadanos II. En Plaut, J. y Bianchi, S., *Rafael Iglesia* (p. 83). Santiago de Chile, Chile: Constructo.
/ Iglesia, R. (2011c). El Carmel está que arde. En Plaut, J. y Bianchi, S., *Rafael Iglesia* (pp. 88-89). Santiago de Chile, Chile: Constructo.
/ Iglesia, R. (2011d). Escalera Casa Del Grande. En Plaut, J. y Bianchi, S., *Rafael Iglesia* (pp. 16-19). Santiago de Chile, Chile: Constructo.
/ Iglesia, R. (2011e). Quincha y piscina. En Plaut, J. y Bianchi, S., *Rafael Iglesia* (pp. 24-29). Santiago de Chile, Chile: Constructo.
/ Iglesia, R. (2011f). Quincho Casa Gallo. En Plaut, J. y Bianchi, S., *Rafael Iglesia* (pp. 20-23). Santiago de Chile, Chile: Constructo.
/ Iglesia, R. (2011g). ¿Arquitectura latinoamericana? Ballenas, mariposas, camellos, entre otras cosas. En Plaut, J. y Bianchi, S., *Rafael Iglesia* (pp. 20-23). Santiago de Chile, Chile: Constructo.
/ Iglesia, R. (2011h). Cuando el problema es la solución. En Plaut, J. y Bianchi, S., *Rafael Iglesia* (pp. 20-23). Santiago de Chile, Chile: Constructo.
/ Iglesia, R. (2012). Retiró del espejo su vivo retrato. *Plataforma Arquitectura*. Recuperado el 1 de diciembre de 2016 de https://www.plataformaarquitectura.cl/cl/02-156904/clinica-proar-rafael-iglesia
/ Iglesia, R. (2016a). Casa de la Cruz. *1:100 Selección de Obras. Rafael Iglesia, 58*, 72-74.
/ Iglesia, R. (2016b). Edificio Altamira. *1:100 Selección de Obras. Rafael Iglesia, 58*, 32-33.
/ Iglesia, R. (2016c). Parque de Diversiones. *1:100 Selección de Obras. Rafael Iglesia, 58*, 46-49.
/ Iglesia, R. (2016d). Parque Hipólito Yrigoyen. *1:100 Selección de Obras. Rafael Iglesia, 58*, 60-63.

Conferencias

/ Bautista, M. I. (Octubre, 2016). *Las palabras y las cosas*. Trabajo presentado en la Muestra Internacional Rafael Iglesia. Fuerzas en Juego, Centro Cultural Parque de España, Rosario.

/ Rigotti, A. M. (Noviembre, 2016). *Rafael, el bricoleur*. Trabajo presentado en la Muestra Internacional *Rafael Iglesia. Fuerzas en Juego*, Centro Cultural Parque de España, Rosario.

/ Liernur, J. F. y Sargiotti, R. (Noviembre, 2016). *Reflexiones sobre la obra de Rafael Iglesia*. Trabajo presentado en la Muestra Internacional *Rafael Iglesia. Fuerzas en Juego*, Centro Cultural Parque de España, Rosario.

La obra de Rafael Iglesia (1952-2015) ha sido extensamente difundida. No obstante, de la copiosa labor crítica dedicada a su producción se recorta un campo escasamente explorado: su programa creativo. Para abordarlo, Claudio Solari hace uso de la definición que Paul Valéry hiciera de *poética* como *acción que hace* y que atiende a los dos movimientos que concurren en igual medida en los trabajos de Iglesia: el de la contradicción y el error, y el del orden y la concentración. El trabajo devela una construcción poética en Iglesia que, según la hipótesis del autor, se funda en concordancias entre sus trayectos de lecturas y sus exploraciones estructurales —«juegos con maderitas»— y se reafirma en la escritura de las memorias de sus obras como momento de reflexión *ex post*.

Las fuentes son las obras construidas por Iglesia, sus escritos publicados, una serie de entrevistas a sus colaboradores y colegas, un desordenado archivo informático rescatado de su computadora y parte de su biblioteca. Respecto de esta última, Solari presta especial atención a las anotaciones al margen y los subrayados realizados por el arquitecto que, como huellas de sus lecturas, permiten recuperar relaciones más certeras con sus proyectos y escritos. Estas intervenciones en los libros son entonces claves para nutrir el interés en el proceso creativo mismo como dimensión insoslayable para entender la obra de Iglesia.

www.ingramcontent.com/pod-product-compliance
Lightning Source LLC
Chambersburg PA
CBHW070409090426
42733CB00009B/1592